Wunderwerk Sprache

Duden

Hans Jürgen Heringer

Dudenverlag
Berlin

Inhalt

Sprachrätsel – und ihre *Lösungen?*

Zum Aufwärmen ein paar wundersame Fragen, bitte.

Und verwunderliche Antworten?

Welches Wort haben Sie lieber: *Liebe* oder *Hass?* Ja klar, das Positive ist uns lieber. Aber was hat das mit dem Wort zu tun? Wenn Sie dieses Buch lesen, werden Sie hoffentlich staunen, dass es in der Sprache so vielerlei Rätsel gibt – gelöste und ungelöste. Aber hoffentlich nicht, dass es die Sprache gibt. Sonst könnten Sie nicht staunen.

Gibt es im Deutschen mehr Wörter, die mit *r* beginnen, als solche, die auf *r* enden? Da werden viele sagen: Mehr, die mit *r* anfangen. Und Sie? Tatsächlich gibt es aber etwa dreimal so viele, die auf *r* enden. Wie kämen Sie drauf? Es ist eine Folge des Musters, dass wir für häufiger halten, worauf wir mehr Aufmerksamkeit legen. Zugegeben, vor eine solche Frage werden Sie im Alltag kaum gestellt. Aber nach dem Muster handeln Sie doch. Und bei *q* lägen Sie sogar richtig.

Luther – Vater der deutschen Sprache. Und die Mutter? Wie hat er das gemacht? Woher das Material? Und wie hatte er die Folgen im Griff? Das Deutungsmuster ist bekannt. Plausibel wird etwas, wenn man es großen Figuren anhängt.

Wie ist es um die Zukunft der deutschen Sprache bestellt? Interessante Frage. Na, die Sätze werden kürzer. Es wird mehr Kürzel geben und so fort. Ja, das schreibt irgendjemand, der in der Vergangenheit so was glaubt, entdeckt zu haben. Das hat die Zukunft so an sich: Sie ist hochinteressant und wird aus Vergangenem extrapoliert. Niels Bohr soll schon gesagt haben: »Prognosen sind schwierig, besonders wenn sie die Zukunft betreffen.« Gegen das Prognosefehlmuster kann man sich durch schlimme Börsenerfahrungen schützen.

Ein gut befreundetes, kluges und tierliebes Ehepaar hat – ich weiß nicht wie viele – Katzen und mindestens einen Hund. Der ist leider ein bisschen bissig. Nun haben sie mir erzählt, eine Frau, die über die Ferne mit Hunden kommunizieren kann, habe ihnen erzählt, was der Hund so denke (oder sage?). Da war ich verblüfft und habe gefragt, wie das ging. »Wir haben der Dame ein Formular mit Fragen vorgelegt.« – Ja, das hätte ich auch beantwortet. Und Sie doch wohl auch.

Sprache geframt als Geheimnis. Das macht sie interessant. Geheimnisse fesseln, wollen gelöst werden, man kann sie ergründen und lüften. So bereitet es auch großen Spaß, in die Geheimnisse der deutschen Sprache einzudringen oder tiefer in die Geheimnisse der Sprache überhaupt. So wurde schon mal berichtet, dass die Meister Schiller, Hamann, Schopenhauer und viele andere schöne und tiefe Gedanken über das Geheimnis der Sprache an den Tag gegeben haben. Die Geheimnisse der Sprache werden als Urstoff der Poesie beschrieben. »Und mit einem Male durchzuckte mich ein Blitz des zurückkehrenden Denkens – und einigermaßen offen lag das Geheimnis der Sprache vor mir.« So wird die taubblinde amerikanische Schriftstellerin Helen Keller zitiert.

Das Geheimnis politischer Sprache besteht bekanntlich darin, dass sie mehr verbirgt als enthüllt. Ich werde Ihnen nun ein furchtbares Geheimnis verraten: Die Sprache ist die Strafe. Ja, und Sprache als Wunder könnte auch spannend werden. Vielleicht werden Sie sich wundern.

Was ist Sprache?

Die Frage scheint eher ungewöhnlich. Schließlich wissen wir doch alle, was Sprache ist. Wir alle können und kennen eine oder mehrere Sprachen. Von Sprache wird jedoch in vielerlei Zusammenhängen gesprochen. Die Sprache der Blumen, die Sprache der Tiere, die Sprache der Liebe. Es gilt hier, einen Kern herauszudestillieren, von dem aus die übrigen Verwendungen als abgeleitet zu verstehen sind. Den Kern schält die Linguistik heraus, die sich mit der menschlichen Sprache befasst.

Dazu einige Definitionen:

- Die Gesamtheit der Sätze ist die Sprache.
- Die Gesamtheit der Äußerungen, die in einer Sprachgemeinschaft gemacht werden können, ist die Sprache dieser Sprachgemeinschaft.
- Sprachen sind Symbolsysteme, die fast ganz auf reiner oder willkürlicher Konvention beruhen.
- Sprache ist die Institution, mit deren Hilfe Menschen miteinander kommunizieren und unter Verwendung gewohnheitsmäßig benutzter, oral-auditiver oder visueller, willkürlicher Symbole interagieren.
- Sprache ist eine rein menschliche und nichtinstinktive Methode, Gedanken, Emotionen und Wünsche durch ein System von konventionellen Symbolen zu kommunizieren.

Die verwendeten Symbole sind Zeichen einer besonderen Art. Als System zeigt sich Sprache in der systematischen Beschreibung. Nach dem Urvater der Linguistik Ferdinand de Saussure ist zu unterscheiden:

- Die Parole ist der persönliche Gebrauch durch die Sprachteilhaber. Es sind die konkreten Äußerungen.
- Die Langue ist die Sprache als Institution, die in Tradition und Kommunikation entstanden ist und dem Einfluss des Individuums entzogen. Es ist das zugrunde liegende System.

Wichtig:

- Sprache existiert nicht ohne sprechende Individuen und nicht außerhalb von ihnen.
- Alles in der Sprache ist historisch, auf Tradition gebaut und ständig im Wandel. Ein Produkt kultureller Evolution.
- Eine Sprache ist kein homogenes Gebilde. Sie ist zwar ein Maßstab für die Individuen, aber durchaus kein starrer oder sicherer Maßstab.

Klare Grenzen in einer Sprache gibt es nicht. Räumlich gibt es Übergänge und zeitlich gibt es den Wandel. Und im Rahmen einer Sprache gibt es viele Varietäten, die wir zum Beispiel als Dialekte fassen. Im Deutschen etwa das nach Umfragen wenig geliebte Sächsische und das Bairische, das Pfälzische und das Ruhrdeutsch. Aber auch Dialekte haben keine klaren Grenzen. Alles ist im Fluss. Das sprechende Individuum hat keine Möglichkeit (und kein Interesse daran), die Sprache zu ändern. Es ist ihr unterworfen. Ja, die ganze Sprachgemeinschaft kann willentlich nichts ändern (weil sie sich nicht koordinieren kann zum Beispiel).

Die Sprache führt ein Eigenleben, losgelöst von der Natur. Sprache ist in diesem Sinn offen, und nur diese Offenheit macht ihre Genese und den Wandel möglich. Sprache ist die Grundlage menschlicher Kommunikation. Die Fähigkeit, Sprache gemeinsam zu entwickeln und zu lernen, gehört zur Natur, zur Grundausstattung des Menschen, sie ist sein Definiens.

Welche *Eigenschaften* zeichnen *menschliche Sprachen* aus?

Universal kommen allen menschlichen Sprachen Eigenschaften zu, die sie von anderen Kommunikationssystemen unterscheiden.

Vokalität

Menschliche Sprache ist primär Lautsprache. Ein A produziert mit den Sprechorganen Laute, die auf akustischem Weg zu B gelangen und mit dem Gehör aufgenommen werden.

Stereophonie

Die Lautäußerungen breiten sich als Schallwellen im gesamten Schallraum aus. Wir können stereophon hören und die Quelle identifizieren.

Ephemerität

Lautäußerungen sind vergänglich. Sie schwinden sofort. Darum kann auch sogleich eine weitere folgen.

Spezialisierung

Der Mensch besitzt spezialisierte Sprachorgane: Kehlkopf, Lippen, Zunge sind adaptiert für diesen Zweck. Im Gehirn entstand ein spezifisches Sprachzentrum.

Verfügbarkeit

Die Produktion sprachlicher Zeichen ist dem menschlichen Willen unterworfen. Sie können willentlich und mit Absicht erzeugt werden.

Diskretheit

Das Kontinuum lautlicher Äußerungen wird von den Kommunizierenden segmentiert in Phoneme. Sie erkennen bedeutungsrelevante Segmente nach mentalen Mustern.

Erwerb

Sprache ist dem Menschen nicht angeboren. Angeboren ist nur die Fähigkeit, jede beliebige Sprache zu erwerben.

Konventionalität

Die Sprache wird in kultureller Tradition von Generation zu Generation weitergegeben. Die kommunizierenden Individuen stützen sich hierbei auf Präzedenz und Konvention.

Symbolizität

Menschliche Sprachen basieren auf Zeichen und dem Gebrauch von Zeichen. Verstehende erschließen den Sinn über symbolische Inferenz.

Arbitrarität

Sprachliche Zeichen sind nicht naturgegeben oder universal. Etwas kann in verschiedenen Sprachen unterschiedlich gefasst und benannt werden. Die Loslösung des Zeichens vom Bezeichneten ermöglicht die Vielfalt der Sprachen.

Komplexität

Eine Sprache ist in mehreren Ebenen strukturiert: phonologisch, lexikalisch und syntaktisch. Auf allen Ebenen herrscht das Prinzip: unendlicher Gebrauch von endlichen Mitteln.

Monitoring

Ein A hört sich selbst sprechen und hat so die Möglichkeit, ständig zu kontrollieren, was es gesagt hat, gegebenenfalls auch zu korrigieren.

Rollenwechsel

Zur menschlichen Kommunikation gehören mindestens zwei, je ein aktives A und je ein passives B. Beide können wechselnd beide Rollen einnehmen. Sprachkompetenz besteht in Sprechen und Verstehen.

Produktivität

Menschliche Sprachen sind produktiv und kreativ. Wir können in der Sprache alles Mögliche sagen und Neues, vorher nie Gesagtes sagen und verstehen. Das ermöglicht den Sprachwandel.

Situationsentbunden

Menschen können über Dinge reden, die in der Situation nicht zugegen sind. Und sie können über vergangene und künftige Zeiten reden.

Reflexivität

Sprache ist reflexiv. Das heißt, mit Sprache kann über Sprache geredet werden. So können Formulierungen, ja die Sprache selbst thematisiert und diskutiert werden.

Wieso sind menschliche Sprachen so *effektiv?*

Eine Sprache ist eine Fiktion, die wir brauchen, damit wir glauben, zu verstehen und verstanden zu werden. Mit den individuellen Fiktionen und der Fiktion einer Sprache verhält es sich wie mit Wittgensteins Käfer in der Schachtel. Wir kennen die Regeln nicht, nach denen unser Partner handelt. Aber wir nehmen an, es seien dieselben wie die unseren. Das genügt.

Die Fiktion wird manifest in den Handlungen, die wir verstehen. Wir gewinnen sie aus Fällen, in denen wir verstanden wurden oder den Eindruck hatten, dass die Kommunikation geklappt hat. In analoger Situation werden wir deshalb analog handeln. So ist die Analogie die Basis einer gewissen Gleichförmigkeit. Die Kumulation von Analogien ergibt eine Art sprachlicher Regel.

Die Fiktionen sprechender Individuen sind nicht identisch und können es nach ihrer Genese nicht sein. Bestenfalls sind sie genügend ähnlich, dass wir uns verstehen und dass es darum keinen Anlass gibt, zu zweifeln an der Ähnlichkeit.

Als Produkt der kommunikativen Evolution zeigen alle Sprachen eine ingeniöse Grundarchitektur: Es ist die doppelte Gliederung. Wie in vielen evolutionären Systemen gibt es in Sprachen zwei voneinander unabhängige Ebenen: die Lautebene und die Sinnebene.

Die Lautebene nährt sich aus einem kleinen Inventar von Phonemen. Das sind Laute, die nur differenzieren, selbst keine Bedeutung haben. Ein Beispiel ist der Laut der im Deutschen mit den Buchstaben *sch* geschrieben wird. Auf der Sinnebene haben wir es mit Ketten von Phonemen zu tun, die Bedeutung tragen, den sogenannten Morphemen, zum Beispiel *Schaf.*

Charakteristisch für menschliche Sprachen ist eine Hierarchie der Einheiten als Grundstruktur.

Text
Satz
Phrase
Wort
Morphem
Phonem

Wie **systematisch**, wie **regulär** sind Sprachen?

Auf der Lautebene haben Sprachen zwischen 30 und 50 Phoneme. Diese Laute sind kombinierbar zu Morphemen oder Lexemen und Wörtern, haben aber keinen semantischen Wert. Sie dienen einzig und allein der Unterscheidung: *Matte, Ratte, Latte, hatte, satte* usw. haben in der Bedeutung nichts gemeinsam. Der jeweilige Anfangskonsonant dient der bloßen Unterscheidung.

Morpheme sind Phonemketten, die Bedeutung tragen. Mit 40 Phonemen könnte man rein kombinatorisch 64.000 Morpheme der Länge 3 erzeugen und schon 102.400.000 der Länge 5. Bei der Länge 10 bewegen wir uns gar im Bereich von 10^{15}.

Alles kombinatorisch Mögliche kommt allerdings nicht vor. Ja, es kann nicht vorkommen, weil Sprache im Gebrauch entsteht und weil beispielsweise die artikulatorischen Möglichkeiten manche Folgen ausschließen, besonders aber auch weil wahllose Kombinatorik schwer wahrzunehmen und noch schwerer zu memorieren wäre. Darum haben sich für verschiedene Sprachen unterschiedliche Restriktionen der Kombinatorik entwickelt. Diese Restriktionen können weitgehend regulär gefasst werden. Und dennoch bleibt dieses System sehr reich.

Über der Lautebene liegt die Sinnebene, um weiter in dieser Metaphorik zu sprechen. Sie ist für kommunizierende Menschen das eigentlich Sprachliche. Darum werden Morpheme und daraus gebildete Wörter von uns für die auffälligsten sprachlichen Elemente gehalten.

Aber kommunizieren tun wir in Sätzen, und Sätze haben einen regelhaften Aufbau, eine innere Struktur. Neuere Syntaxtheorien formulieren die Regeln sogar in präzisen formalen Sprachen. Auch dabei werden sozusagen zwei Aspekte unterschieden. Einerseits syntaktische Regularitäten, die allen menschlichen Sprachen gemeinsam, also universal sind. Andererseits sprachspezifische Regeln, die eine oder einige Sprachen bestimmen.

Wie aber steht es mit dem Lexikon, dem Wortschatz? Ist er auch regulär? Üblich ist die Ansicht: Grammatik ist das Reich des Regulären, Wortschatz das Reich des Idiosynkratischen. Der Linguist Franz Josef Hausmann hat einmal geschrieben: »Wortschatz ist Chaos.« Das stimmt in gewissem Sinn. Aber auch hier gibt es Reguläres, wenn es auch nicht so leicht zu fassen ist.

Heutzutage können wir manch Reguläres verlässlich fassen. Zwar sehen die Ergebnisse der Erforschung großer Textkorpora, also Sammlungen elektronisch gespeicherter Texte, nicht gerade klassisch aus, aber leicht erkennen wir plausible Strukturen. Hier schauen wir auf *systematisch*. Quelle ist das riesige Sprachkorpus des Instituts für Deutsche Sprache in Mannheim.

wurden [...] systematisch [...] erfasst
systematisch erfasst [und] ausgewertet begann ...
systematisch ... zu erforschen
die systematische [...] Erforschung der ...
die erste [...] systematische [...] Untersuchung des ...
systematische Analyse aller
die systematische [...] Ausbeutung
der ... systematische [...] Ausgrenzung der ...
die systematische [...] Ausrottung der ...
eine systematische Entwicklung für ...
Beginn der systematischen Suche
die ... systematisch [...] gefälscht worden
die systematische [...] Erfassung [...] aller
die systematische Verfolgung und Vernichtung der Juden
erstmals [...] systematisch [...] untersucht
um das systematische [...] Doping im DDR-Sport

Im Ausschnitt erkennen wir die Bedeutung des Wortes im Umfeld, in dem es lebt.

Diese Methode zeigt aber auch deutlich, dass jede Regularität verfeinert werden kann. Wir landen im Problem der fraktalen Geometrie: Wie lang ist die Küste Englands? Je feiner man misst, ums länger wird sie. Je genauer wir die Verwendung eines Wortes betrachten, umso nuancierter wird sie. Irgendwie ist sie systematisch. Aber am Ende auch nur mit dem Mikroskop zu entdecken?

Aus praktischen Gründen kann ein Wörterbuch natürlich nicht so weit gehen. Es bietet Kondensate.

Warum gibt es so viele Ausnahmen in der Grammatik?

Im Prinzip gibt es in der Sprache keine Ausnahmen. Wir nehmen an, dass Sprachen irgendwie geregelt sind. Vor allem, wenn jemand Fehler macht, müssten wir ja still wissen, wie es richtig geht. Und mit »richtig« appellieren wir stets an eine Instanz, eben irgendwie an eine Regel. Allerdings ist nicht alles, was die einen für einen Fehler halten, für die anderen ein Fehler. Wir müssen zwar davon ausgehen, dass die anderen dieselben Regeln befolgen wie wir, nur dann können wir hoffen, verstanden zu werden. Tatsächlich ist es aber so einheitlich nicht. Und tatsächlich können wir auch jemanden verstehen, der sozusagen einen Fehler macht. Unsere Sprache ist plastisch – in der Gegenwart und in der Geschichte. Vielleicht könnten wir auch sagen: Eine Sprache ist geregeltes Chaos.

Wenn wir die Ausgangsfrage beantworten wollen, ist die Klärung einer Art Ungenauigkeit unerlässlich. Wenn wir von Grammatik reden, können wir einerseits jene regelhafte Komponente der Sprache meinen, andererseits aber auch eine geschriebene Grammatik, ein Buch etwa. Und so müssen wir klar unterscheiden zwischen den Regeln der Sprache und den Regeln im Grammatikbuch. Denn die sind eben Formulierungen von Regeln. Und je nach Fähigkeiten der Beschreibenden können sie

- die tatsächlichen Regeln mehr oder weniger gut erkennen,
- das Erkannte mehr oder weniger gut formulieren.

Also, die wichtigste Unterscheidung ist: Spricht man von den Regeln, die unsere Sprache leiten, oder von Büchern, in denen Regeln formuliert sind? So könnte man die Titelfrage auch kurz und bündig beantworten: Weil die Grammatiken so schlecht sind.

Nur, Grammatiken schreiben ist so einfach nicht, weil Sprache so komplex ist. Wir sollten also einen kurzen Blick auf die didaktische Praxis werfen. Da könnte eine Praktikerin sagen: »Meine Erklärungen sind auf eine einfache und verständliche Art und Weise und aus Lernersicht geschrieben. Ich konzentriere mich auf die 95 %, die nach der allgemeinen Regel funktionieren und nicht auf die 5 % Ausnahmen.«

Das klingt doch wirklich praxisorientiert. Also ein Beispiel: Deutsch Lernende haben Probleme mit dem Genus deutscher Nomen: Muss ich *der, die* oder *das* wählen? Obwohl das bis auf wenige Fälle (wie *Virus* zum Beispiel) eindeutig ist, ist es schwierig, klare Regeln zu formulieren oder mit ihnen gar alle Fälle zu erfassen. Eine Regel lautet: Nomen auf *e* sind feminin, also *die Tante, die Suppe, die Klappe*. Aber dann *der Käse, das Gebirge, das Klischee.*

Wie viele wird es davon geben? Die e-Regel ist für den Einstieg ins Lernen wunderbar. Sie deckt tatsächlich mehr als 95 % ab, und ich muss gestehen: Ich musste lange nach den Ausnahmen suchen.

Oft ist in Grammatiken aber auch die Rede von Ausnahmen, weil ihre Regeln unvollständig sind. So wenn etwa in der Deklination der Nomina vom Typus *Mensch* die Pluralbildung mit *en* dargestellt wird und es dann heißt, diese Regel weise vereinzelte Ausnahmen auf: Bei den Nomen *Nachbar, Bauer* und *Ungar* wird statt *en* die Endung *n* hinzugefügt. Das sind natürlich keine Ausnahmen, weil es eine generelle, übergreifende phonologische Regel gibt, nach der das *e* vor *r* ausfällt. Ähnliches gilt auch für *Gebirge*, das sein Genus nach einer übergeordneten Regel bekommt: Sammelbezeichnungen, die mit Ge- anfangen, sind Neutrum: *das Geflügel, das Gebäck, das Gerede.* Und *Klischee* fällt aufgrund seiner Endbetonung gar nicht unter die *e*-Regel.

> Grammatik mit Regeln lernen ist so wichtig.
> Und meistens liegst du damit richtig.
> Selbst Faustregeln leiten dich und
> laufen als pro-tanto-Grund.

Welche **Zeichen** deuten wir wie?

Vom Philosophen Georg Friedrich Hegel wissen wir: Das Zeichen an sich selbst hat keine Bedeutung.

Gedanken über Zeichen und ihre Bedeutungen machen sich die Menschen seit eh und je. Am Anfang steht die Definition des Zeichens als »etwas«, das »für etwas anderes steht«. Aber schon Augustinus modifiziert das: Zeichen sind wahrnehmbare Dinge, die für etwas anderes stehen, das wir nicht wahrnehmen können. Bleibt die Frage: Was ist das »andere«? Eine Antwort des Philosophen John Locke: Es sind Bedeutungen, Ideen im Kopf.

In jedem Fall ist zu unterscheiden zwischen dem jeweils konkret vorliegenden Zeichen und dem allgemeinen mentalen Muster, nach dem wir es zuordnen (Token und Type). Außerdem ist grob zu unterscheiden zwischen natürlichen Zeichen und konventionellen Zeichen. Bei natürlichen Zeichen ist das Bedeutete eine physikalische Folge, bei konventionellen Zeichen ist es historisch und sozial entstanden. Es kann sich wandeln.

Wir unterscheiden Typen von Zeichen danach, wie wir drauf kommen, was sie bedeuten. In der Deutung von Zeichen schließen wir unterschiedlich:

- Wenn wir vom Zeichen über eine natürliche oder physikalische Regularität auf das Bedeutete schließen, handelt es sich um ein Symptom oder Anzeichen.

Symptome kennen Sie bei Krankheiten wie Hautflecken als Symptom für Masern oder Fieber als Symptom für Erkältung oder Rauch als Anzeichen für Feuer.

Wenn wir vom Zeichen über eine Ähnlichkeit auf das Bedeutete schließen, handelt es sich um ein **Ikon**.

Die Ähnlichkeit besteht in einer Art stilisiertem Abbild.

Allerdings wird sich die Verwendung von Ikonen hierin nicht erschöpfen. Sie werden verwendet in einem kommunikativen Zusammenhang.

So könnte hier vielleicht gezeigt werden, dass man die Wiese barfuß betreten möge.

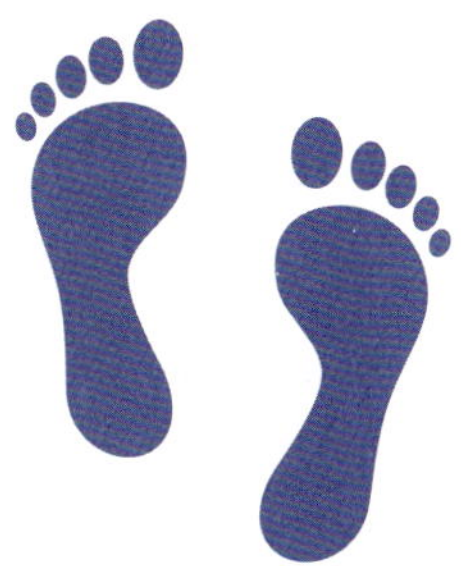

Und hier, dass man gar nicht drauftreten sollte.

Hier haben wir eine übliche Mischung zwischen Ikonischem und Symbolischem. Mit dem offenen Mund soll Lachen abgebildet sein. Aber die Herzchen stehen symbolisch für Liebe.

Oft wird so gesprochen, als seien solche Ikone oder Piktogramme klar und allgemein verständlich. Ich hätte auf dem Flughafen bei diesem hier schon mal das Problem: Soll ich weiter voran oder ein Stockwerk höher?

Wenn wir vom Zeichen über eine gewordene Konvention auf das Bedeutete schließen, handelt es sich um ein **Symbol**. Sprachliche Zeichen sind Symbole, Symbole besonderer Art. Sie sind in ihrer Lautgestalt hoch strukturiert. Grundsätzlich akustisch basiert. Schriftliche Fixierungen sind eine Art Abbilder und sekundär.

Aber auch in der Sprache gibt es ikonische Schlüsse. Teilweise ikonisch sind lautnachahmende Äußerungen wie *Wauwau* oder *rattern*, *glucksen*. Oder die Reihenfolge von Sätzen:

Ich gehe ins Bett und putze die Zähne.

Was ist *eine* *Sprache?* Und was sind *zwei?*

Im Gegensatz zur Frage »Was ist Sprache?« geht es hier um Einzelsprachen. Wir alle haben eine Vorstellung davon, was eine Sprache ist. Nur, so einfach ist es nicht.

Ein Linguisten-Joke: Eine Sprache ist ein Dialekt mit einer Armee. Das Erhellende hieran ist der Hinweis, dass es meist äußerliche Kriterien sind, mit denen eine Sprache abgegrenzt wird.

Noch ein äußerliches Kriterium wäre der zu der Sprache passende Staat. Das scheint manchmal zu tragen, scheitert aber gleich an der Schweiz, die ja vier offizielle Sprachen hat: Deutsch, Französisch, Italienisch, Rätoromanisch.

Ein anderes Kriterium ist, dass es eine Literatur in dieser Sprache gibt. Das ist natürlich sehr gefährlich in der Umkehrung: Wenn es keine Literatur gibt, dann ist es keine Sprache? Dem würden zumindest alle frühen Sprachen zum Opfer fallen und ein paar sintemals als primitiv deklarierte Sprachen.

Eine Sprache ist als differenziert anzusehen, portioniert sowohl im Raum als auch in der Zeit. Jeder Sprecher, jede Sprecherin entwickelt ein Bewusstsein dafür, dass in verschiedenen Gegenden unterschiedlich gesprochen wird. Je nach Granularität kann es dabei um Sprachfamilien, um verschiedene Sprachen, um verschiedene Dialekte oder auch nur um einzelne unterschiedliche Züge gehen.

Wir konstruieren gern Dialekte und seien sie auch noch so klein. Dabei geht es vor allem um Unterschiede, um Abgrenzung zum Reden der Nachbarn.

Wir aber sollten sehen, dass konstruierte Objekte wie Sprachen oder Dialekte nicht irgendwelche festen Grenzen haben, vor allem keine räumlichen. Ferdinand de Saussure, der linguistische Urvater, schrieb sinngemäß: Wenn man vom Pas de Calais nach Turin wandert, kommt man an keine Stelle, wo man sagen könnte: Jetzt gehe ich aus dem Französischen raus und komme ins Italienische.

Es gibt keine Stelle, an der eine Sprache endet und eine andere beginnt. Es gibt Übergänge überall. Selbst mehrere Sprachen oder konkurrierende Sprachgewohnheiten in einer Region sind nichts Außergewöhnliches.

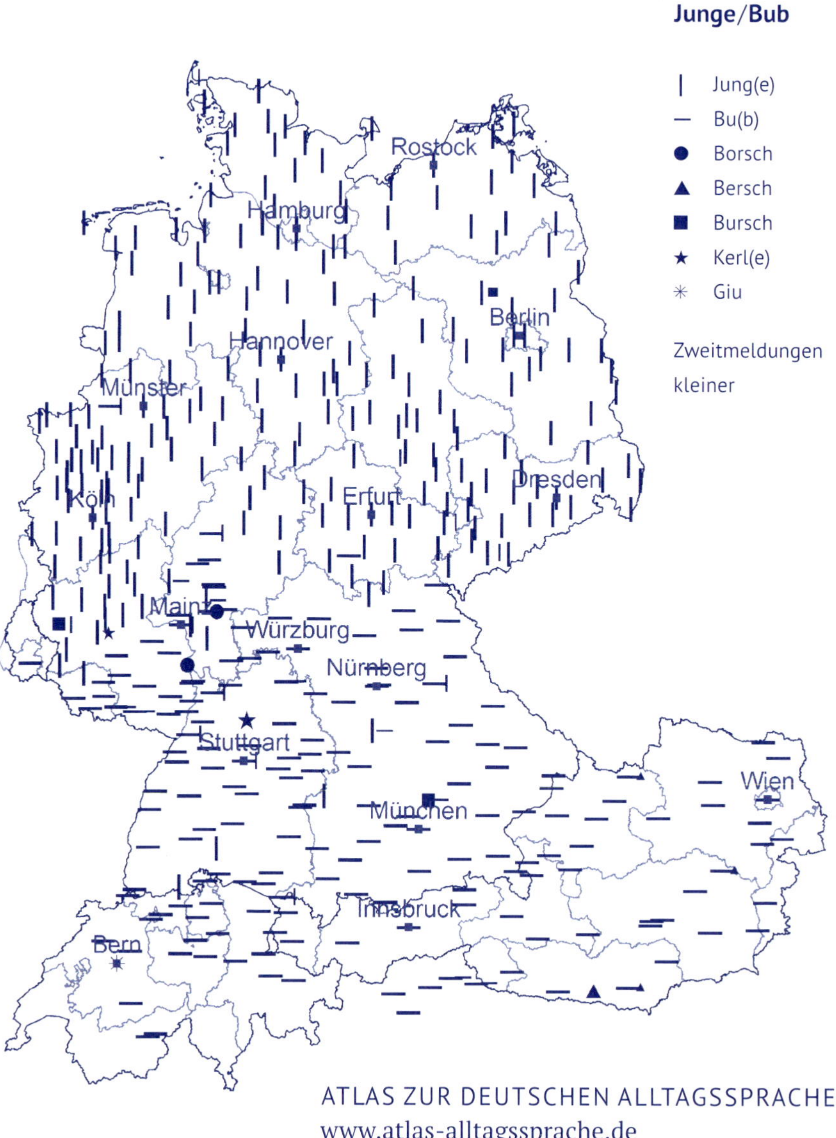

Hier sehen wir eine Tendenz der Verteilung der Wörter, besonders eine Nord-Süd-Differenz. Aber wir könnten keine Grenze *Junge* zu *Bub* ziehen. Ja, wir finden sogar südlich von Stuttgart beide zusammen. Und um München herum zu *Bub* auch noch *Bursch*.

Deutsch ist in diesem Sinne nicht homogen, sondern besteht aus vielen Varietäten. Auch die Standardsprache ist eine Varietät. Sie ist mehr oder weniger durch Normen bestimmt. Wo ihre Grenze liegt, ist schwer anzugeben und darum strittig. Denn auch Normen sind nicht starr und nicht sakrosankt, und sie greifen nicht immer.

Darum werden in der Linguistik Varietäten unterschieden. Eine klassische Einteilung ist diese:

- **Diatopische Varietäten** sind regional definiert: Dialekte, Regionalsprachen.
- **Diastratische Varietäten** sind soziokulturell definiert: Gruppensprachen (Soziolekte), Fachsprachen, Umgangssprache, Jugendsprache, Dichtersprache, Sportlersprache, vielleicht auch Frauensprache, Männersprache.
- **Diaphasische Varietäten** sind meist nach Epochen definiert: Althochdeutsch, Mittelhochdeutsch, Neuhochdeutsch.

Eine Sprache beschreiben können wir nur, soweit sie regulär ist. Oder aber soweit wir sie als regulär setzen. Doch selbst die feinste Einteilung bleibt letztlich grob vor der Differenziertheit einer Sprache.

Was ist ein *Dialekt?*

In der Nähe hier gibt es ein Geschäft, das sich zur *tschüs*-freien Zone erklärt. Und nicht viel weiter gibt es ein *hallo*-freies Lokal. Was soll man hier und dort denn sagen? Es geht darum, dass bittschön bairisch gredt wird.

Doch mit dem Grüßen ist es im Bairischen nicht ganz leicht. Leicht ist es mit *Servus*. Mit diesem Gruß kann man sich begrüßen und verabschieden. Man muss auch nicht schauen, wie viel Uhr es gerade ist, wen man grüßt oder gar wer man selbst ist. Doch leider nicht nur in Bayern. In Österreich kennt man das *Servus* auch. Aber können alle Bayern Bairisch? Oder bist du nur Bayer, wenn du Bairisch kannst?

Zum Ende des 19. Jahrhunderts erlebte die Dialektforschung eine Blüte. Man baute Sprachatlanten, in denen Dialektgrenzen sauber eingezeichnet waren. Wahrscheinlich wussten Linguisten schon, dass das Idealisierungen waren. Und man hat auch schon etwas großflächiger gedacht.

So sah eine Karte aus dem Wenkerschen Sprachatlas von 1876 in etwa aus.

Heutzutage würde man es auf jeden Fall differenzierter sehen. Statt von Dialekt spricht man von regionaler Sprachvarietät, Regiolekt oder Regionalsprache. Damit hat man das Definitionsproblem zwar nicht bewältigt, doch man hält die Grenzen offen.

Dialekte sind eigenständige sprachliche Systeme mit besonderem Lautsystem, eigener Grammatik und eigenem Wortschatz. Sie sind wie jedes sprachliche System innerlich komplex, ohne scharfe Regeln und Grenzen. Sie sind räumlich zu betrachten, sozial und historisch. Sie sind Kontinua, und niemand kann für sich beanspruchen, nur er oder sie spreche den perfekten Dialekt. Wie jedes Sprachsystem sind Dialekte auch lebendig und nehmen Fremdes von außen auf. Das mag dann auch dazu führen, dass sie überfremdet, sozusagen aufgefressen werden. So ist natürlich *tschüs* vielleicht auch so bairisch wie *ciao*.

Noch mal zurück zur Eingangsfrage und den bairischen Verabschiedungen. Da haben wir erst einmal: *G'füardi*. Es ist eine Kurzform von *Gott führ dich*. Sie merken gleich, dass nicht nur ein kleines Problem mit der Schreibung auftritt. Sie würden vielleicht fragen: Was mach ich, wenn ich jemand nicht duze? Echte Bayern duzen zwar alles und jeden – heißt es wenigstens –, so könnten Sie die höfliche Differenzierung nicht mehr einhalten. Aber Bayern unterscheiden zwischen *du* und *ihr* als Anrede (auf Deutsch). Also *G'füard Eana*. Was aber soll das *d* da drin? War es nicht *du*? Vielleicht lassen wir es drin, weil sich der Gruß so besser spricht.

Zu dieser Verabschiedung gibt es noch eine Alternative. Es ist *Pfirdi* oder *Pfirdi Gott*. Das soll nun so etwas sein wie *Behüt dich Gott* mit entrundetem *ü*. Die Lippen sind nicht mehr rund wie beim *ü,* sondern breiter in Richtung *i*. Für Sprachsäuberlinge nicht unbedingt schön, weil undurchsichtig und verstümmelt. Es wird noch schwieriger: Mit dem Binnen-*d* haben wir hier kein Problem. Wenn man sich von mehreren verabschiedet mit *Pfürd eich* oder *Pfürd Eana*, gehört das *d* ja zum Stamm anders als das parasitäre in *G'füad Eana*, wo das Anredepronomen der Akkusativ von *Ihr* = *Sie* ist. Aber was soll das *s* in der Form *Pfürds eich*? Das ist nun wirklich was toll Bairisches. Das *s* ist der Rest eines Pronomens *ös*, das es wohl nur noch im Bairischen gibt. Es ist typisch bairisch, so bairisch, dass auch viele Bayern nicht damit umgehen können.

In älteren Sprachstufen gab es eine Dreiteilung der Pronomen in Singular, Dual und Plural. Das Dual-*ös* konnte sich nicht gut halten. Darum wird auch nicht moniert *Habt's Ihr ein Bier*?, das ja eigentlich doppelt gemoppelt ist bis hin zum Widerspruch: entweder zwei (*'s*) oder eben viele (*Ihr*). Und im Grunde machen Bayern das auch in der Form *Pfürds eich*.

Noch schwieriger: Es gibt Niederbayern und Oberbayern. Welches sind die echten? Welche reden das echte Bairisch?

Bitte, dies alles gilt nicht nur für Bairisch. Auch Sächsisch, Schwäbisch, Alemannisch, Ruhrdeutsch und Platt sind innerlich komplexe Einheiten.

Es gibt überall Übergänge, innen und auch nach außen.

Ein **Volk** – eine **Sprache?** Eine **Sprache** – ein **Volk?**

Hier geht es um einen Mythos, der immer mal wieder aufblüht: erste Nachfrage mit der Betonung auf *Volk*. Was wäre ein Volk? In etwa eine Gruppe von Menschen, die in einer abgrenzbaren Region leben oder aus ihr stammen. Regionen sind natürlich nicht von Natur aus abgegrenzt. Wir werden von einer Unklarheit zur nächsten geschickt. Zweite Nachfrage mit Betonung auf *ein*. Der Witz ist: Man kann ein Volk schwer bestimmen ohne Rückgriff auf die Sprache. Sie ist ein wesentliches Bestimmungsglied, was aber nicht bedeutet, es müsse unbedingt erfüllt sein. Wie wesentlich, erkennen wir in der Geschichte der Deutschen und des Deutschen.

Obwohl es im Mittelalter noch kein politisches Band gab – es gab verschiedene Stämme mit verschiedenen Sprachen – gab es das Wort *deutsch* und vielleicht das Bewusstsein einer Art Einheit. Aber Deutsche als Volk – wie könnte man das bestimmen? Wen würde man da einschließen, wen ausschließen? Die Idee einer gemeinsamen Sprache schafft auch die Idee einer weiteren Gemeinsamkeit. Das ist aber eine Idee, eine Idee, die nicht alle teilen.

Wie aber steht es mit den Schweizern? Sprachen gibt es in der Schweiz mindestens vier. Sind die Schweizer ein Volk oder vier? Das ist vielleicht von außen schwer zu sagen. Man müsste eine Befragung durchführen zur Innensicht und zur Außensicht. Aber da stünde immer auch die Bedeutung von *Volk* zur Debatte. Von außen (und vielleicht auch von innen) sehen wir gleich zwei große Gruppen: die Deutschschweizer und die

Welschen. Schon in dieser Benennung ist ein Bezug zum Fremden hergestellt. Das hat Tradition von alters her.

Vom Kauderwelsch, das in der Umgebung von Chur gesprochen wird – das Wort ist verstümmelt aus Churwelsch –, also dem Rätoromanischen, hier gar nicht zu reden. Wir verwenden das Wort nun ganz anders, der Zusammenhang ist verloren. Und die Rätoromanen werden wir wohl kaum als eigenes Volk wahrnehmen. Und selbst die Sprache ist zusammengebastelt aus mehreren – vorsichtshalber sagen wir mal – Dialekten.

Also: Es gibt eine starke Tendenz, die Einheit von Sprache und Volk zu sehen. Aber halten wir uns für Ausnahmen offen. Und vor allem sollten wir uns vor Instrumentalisierungen hüten, wie sie in der Geschichte unseres Pärchens gang und gäbe waren. Auch wenn im Französischen etwa eher von Nation die Rede ist. Geläufige Vorstellungen von Sprache wurden immer schon kritisiert. Wenn wir sie als Sprachmythen verstehen, können wir uns unter neuem Aspekt mit ihnen beschäftigen.

Wie ist die Sprache *entstanden?*

Ein Kreationist hat mit der Frage kein Problem: Als Gott nach seinem Design die Welt schuf, hat er nebenbei auch die Sprache geschaffen. Eine kleine Frage wäre dann noch: Wieso gibt es diese Sprache nicht mehr, sondern so etwa 7.000? (Ein besonders Wissender hat sogar mal behauptet im Jahre 1000 vor der Zeit habe es über 10.000 Sprachen gegeben. Auch eine Art von Kreationismus?)

Darauf gibt es die belegte Antwort in der babylonischen Sprachverwirrung. Für die Linguistik ist diese Situation nicht angenehm, weil wir über diese verloren gegangene Ursprache nichts herausbekommen können. Aber so ganz kann der Kreationist sich nicht salvieren. Er müsste noch etwas dazu sagen, wie und wieso Sprachen sich ändern. Wer das untersucht, wird gewiss bei Darwin enden.

Über Jahrhunderte war klar und bibelfest, dass Hebräisch die Ursprache der Menschheit ist. Im 18. Jahrhundert kam die Frage nach dem Ursprung der Sprache – wohl auch im Zuge der Aufklärung – so recht in Schwung. Es schreiben dazu Rousseau, Diderot, Condillac und Adam

Smith. Die Königliche Akademie der Wissenschaften zu Berlin stellte dazu 1769 eine Preisfrage. Den Wettbewerb gewann Johann Gottfried Herder mit seiner »Abhandlung über den Ursprung der Sprache«. Er vertrat vehement die Ansicht, die Menschen hätten sich ihre Sprache selbst geschaffen und setzte sich damit dem göttlichen Ursprung entgegen, wie ihn wenige Jahre zuvor noch der Pfarrer Süßmilch in einer Schrift vertreten hatte. Mit dem göttlichen Ursprung hat man es einfach: Mit einem Schlag war die Sprache da. Man müsste sich dann nur noch mit den verschiedenen Ausformungen und dem Wandel befassen. Bei Herder wären aber ein paar Anschlussfragen zu beantworten:

- War die Schaffung ein willentlicher, gemeinsamer Akt?
- Woher kannten die Menschen das Ziel der Kreation?

Wenn man linguistisch in diesem Sinn über die Sprache spricht, dann meint man nicht irgendeine, sondern die menschliche Sprachfähigkeit. Denn nur sie gibt es nur einmal. Sie ist universal und allen Menschen gemeinsam. Worin besteht also die und könnte man oder gar wie könnte man ihre Entstehung erklären?

Eine nette Übersicht über Sprachursprungstheorien – wie sie oft großtönend genannt werden – bot der dänische Linguist Otto Jespersen.

Die Wau-wau-Theorie: Die Menschen haben Lauterscheinungen der Umgebung nachgeahmt, besonders Tierlaute.
Die Aua-Theorie: Die Menschen haben reagiert auf Erschrecken, Angst und Schmerzen mit Aufschreien und emotionalen Ausrufen.
Die Ding-Dong-Theorie: Die Menschen reagierten auf akustische Stimuli der Umgebung, haben ihnen Sinn unterlegt.
Die Hauruck-Theorie: Angefangen habe alles mit Ausrufen bei gemeinsamen körperlichen Arbeiten, um sie zu koordinieren.
Die LA-LA-Theorie: Sprache ist aus Singsang, gemeinsamem rhythmischem Summen hervorgegangen.

All diese Fiktionen setzen schon viel voraus. Die Wau-wau-Theorie setzt etwa voraus, dass Menschen Folgendes konnten:

- hören
- artikulieren
- nachahmen
- Sinn unterlegen
- Ähnlichkeiten erkennen

Empirisch ist für die Beantwortung der Frage nicht viel zu machen. Es fehlen die Daten und passende Experimente kann man sich schwer ausdenken – unpassende gibt es beim alten Pharao Psammetich und im 13. Jahrhundert bei Friedrich II, von denen beiden die Mär geht, sie hätten Kinder stumm und isoliert aufwachsen lassen, um der Ursprache auf die Spur zu kommen. Aber auch da würde der eigentliche, der evolutionäre Aspekt nicht berührt. Das eigentliche Wunder ist das Verstehen. Dazu eine gedankenexperimentelle Fiktion.

Zurück in die Zeit unserer Urahnen: Affenmenschen ohne Sprache. Sie konnten schon viel, etwa wie andere Tiere, Elstern etwa, Schreckensschreie ausstoßen, auf die hin alle fliehen.

Einst saß die Sippe am Feuer – Feuer hatten sie schon entdeckt. Sie hatten einen Hasen erlegt, den sie gerade brieten. Da gewahrte einer einen Tiger im Anschlich, stieß einen Schreckensschrei aus. Die Sippe zerstob in Flucht. In dem Moment erkannte der Schreier, dass er sich getäuscht hatte. Aber nun, da alle weg waren, hatte er den Hasen für sich allein. Das gefiel ihm.

Bei der nächsten Gelegenheit erinnerte er sich. Er stieß den Schrei mit der Absicht aus, die anderen hinters Licht zu führen. Und siehe da, es funktionierte. Er glaubte, einen neuen Trick gefunden zu haben. Aber die anderen rochen den Braten. Als unser Vorfahre es ein drittes Mal versucht, bleiben sie einfach sitzen. Und wurden sie alle vom Tiger gefressen? Nein, die Geschichte geht anders weiter. Unser Vorfahre erkannte, dass der Schrei nicht mehr zu missbrauchen war. Also schrie er nur noch dann, wenn die anderen den Tiger sehen konnten. Und vor allem, wenn wirklich einer da war. Sonst war er ja zu nichts mehr nutze.

Der Schrei war vom Symptom zum Symbol geworden, das er verwendete, um die anderen zu warnen. Und die anderen wussten, dass er das tat. Und er wusste, dass die anderen das wussten.

Das ist menschliche Kommunikation: wechselseitiges = reziprokes Wissen. Sie wurde entdeckt, nicht erfunden.

Gab es eine *Ursprache* der Menschheit?

Seit wann hat der Mensch Sprache? Der Mensch hat Sprache, seit er Mensch ist. Sprache ist das Definiens des Menschen, sodass die Frage so ähnlich ist wie die nach der Länge des Urmeters in Paris. Dennoch wurde das Thema fast inflationär behandelt, etwa in Johann Gottfried Herders »Abhandlung über den Ursprung der Sprache« und in vielen anderen. Auch Jacob Grimm war beteiligt. Ende des 19. Jahrhunderts hat die linguistische Gesellschaft in Paris ihren Mitgliedern untersagt, hier weiter zu spekulieren. Die Annahme, dass es eine Ursprache der Menschheit gegeben habe, wurde zum gefundenen Fressen für Abenteuerwissenschaft. Was immer man darüber Spannendes erzählt, wird seine Zuhörerschaft finden.

Ende des letzten Jahrhunderts gab es ein Buch, das versucht hat, den Ursprung aller Sprachen nachzuweisen. Wie funktioniert das?

Alle Wörter sind zurückzuführen auf sechs Urwörter. Die sechs Urwörter lassen sich gewinnen, indem man Wörter der Sprachen der Welt vergleicht. Die Vergleichsmethoden sind trickreich.

Nimm eine Buchstabenfolge, etwa BA:

1. Variiere den Vokal: BA > BO, BI, BU
2. Variiere Konsonanten: BA > PA, FA
3. Kehre die Abfolge um: BA > AB, BO > OB
4. Ergänze Buchstaben oder dupliziere: BA > MBA, BABA, BO > BOBO
5. Lasse Buchstaben weg und ersetze sie durch Joker: BABA > B*BA

Und Trick siebzehn: Mach das alles nacheinander und in beliebiger Reihenfolge.

So könnte man alles bauen, was ein Wort sein könnte. Und so kommt man wissenschaftlich aus wenigen Urwörtern zu allen Wörtern menschlicher Sprachen. Sympathisch hieran ist, dass in der Evolution tatsächlich alles Mögliche entwickelt wird, sogar was wir uns gar nicht vorstellen können.

Das Verfahren hat aber zwei Häkchen: Erstens ist es rein kombinatorisch und zweitens nutzen menschliche Sprachen gerade nicht alle Kombinationen.

Der Autor lässt es natürlich nicht bei reiner Kombinatorik, das wäre nicht spannend. Ein bisschen Fleisch muss dran. So wird denn kräftig assoziiert. Auf der Lautseite: Klingt BABA nicht wie PAPA? Da muss doch was gemeinsam sein. Auf der Weltseite: Hat Nacken nicht was mit nicken zu tun und die Brust mit der Mama?

Die Frage bleibt. Eine seriöse Antwort wird man nicht bekommen. Und dass etwa einer die Sprache erfunden hätte, stößt auf ein logisches Problem:

> Der Urmensch kam einst zum Entschluss,
> Dass er etwas sagen muss.
> Und was passierte dann?
> Die andern schaun ihn sprachlos an.

Könnte es eine *Universalsprache* geben?

Seitdem uns bekannt wurde, wie es damals in Babel herging bei der göttlichen Sprachverwirrung, träumen wir davon, den paradiesischen Zustand wiederherzustellen. Auf jeden Fall hat die Ausschüttung des Heiligen Geistes uns Normalbürgern nicht geholfen.

Eine sehr bequeme Lösung ist die Sprache des Geistes, die uns Menschen sowieso allen gemeinsam ist. Die Sprache des Geistes, neuerdings auch Mentalesisch genannt, habe eine besondere Struktur. Es gehe um Repräsentationen (Wovon?) und sie gehorche einer kompositionalen Semantik: Ihr Vokabular setze sich aus einzelnen bedeutungstragenden Teilen (wie in natürlichen Sprachen die Wörter) zusammen. Und auch sonst schaue alles in etwa so aus wie in natürlichen Sprachen. Man fragt sich, wie man darauf kommt und wie das kommt. Auch ansonsten wird zu ihrer Beschreibung das gängige, fortgeschrittene Vokabular verwendet, also absolut up to date. Allerdings von Empirie erscheint da nicht viel. Man darf es ruhig für Science-Fiction halten. Und vor allem, da man Mentalesisch nicht sprechen kann, hilft es zur Kommunikation nicht viel.

Für die Konstrukteure universaler Sprachen standen noch unterschiedliche Nebenziele an. So etwa eine Orthosprache für die Wissenschaft, in der nur Sinnvolles geäußert werden kann. Wohlgemerkt, die Konstruktionspläne sind nicht so naiv, bis zur Wahrheit zu gehen wie annähernd Orwells Newspeak, in dem schon sprachlich festgesetzt war, was wahr war.

Weniger ambitioniert, aber immer noch ambitioniert genug war der vielsprachige Ludwik Zamenhof mit seinem Esperanto oder Pfarrer Johann Martin Schleyer, dessen Grabmal ziert: Eine Menschheit – eine Sprache.

Esperanto ist so etwas wie ein Leihgeschäft. Man muss sich fragen, worin das Originelle der Sprache besteht. Was einfach und regulär zu fassen ist: eine simple Grammatik, nämlich so, dass ihre Regeln strichgenau linguistisch zu formulieren sind. Dagegen wird das Lexikon klugerweise freigegeben oder frei geliehen.

Für Ludwig Wittgenstein war ein solches Konstrukt inakzeptabel. In seinen »Vermischten Bemerkungen« ist nachzulesen:

> »Esperanto. Das Gefühl des Ekels, wenn wir ein erfundenes Wort mit erfundenen Ableitungssilben aussprechen. Das Wort ist kalt, hat keine Assoziationen und spielt doch ›Sprache‹.«

Der Linguist Karl Brugmann prophezeite schon 1907: Je mehr Sprecher Esperanto sprechen, desto mehr zerfällt die Sprache in Dialekte. Das ist tatsächlich eingetreten, weil die Sprache offen gedacht ist. Aber der Drift ging nicht so weit, dass die verschiedenen Lekte nicht mehr für die Sprecherinnen und Sprecher verstehbar waren.

Der Mangel an Assoziationen ist natürlich ein Rezeptionsproblem: Wird die Sprache nicht verwendet im Alltag und in der Sozialisation, haben ihre Wörter keinen Tiefgang. Irgendwie wirken solche Texte putzig oder witzig auf uns.

Dazu ein kurzer Text in Interlingua, einer neueren Plansprache, wie diese Konstrukte auch genannt werden.

> Nostre Patre, qui es in le celos, que tu nomine sia sanctificate;
> que tu regno veni;
> que tu voluntate sia facite
> super le terra como etiam in le celos. Da nos hodie nostre pan
> quotidian, e pardona a nos nostre debitas
> como nos pardona a nostre debitores, e non duce nos in
> tentation,
> sed libera nos del mal.

Das Ganze scheint ja doch etwas eurozentriert, aber gut zu verstehen. Vor allem, wenn Sie den Text in Ihrer Sprache kennen. Vielleicht versuchen Sie es auch hiermit.

> Le idea de litteratura mundial, que Herder e Goethe habeva concipite essentialmente ex le puncto de vista de arte, ha hodie ganiate mesmo plus grande importantia ex le puncto de vista de scientia. Nam de omne possessiones commun de le humanitate, nulle es tam general e international quam scientia. Sed omne communication e propagation de scientia usa le medio de lingua, ergo le internationalitate de scientia irresistibilemente postula le internationalitate de lingua. Si nos considera, que hodie plure obras scientific, specialmente libros de apprension, es traducite in deceduo o plus linguas estranie, tunc nos comprende qual immense quantitate de labor on poterea sparmiar, si on poterea comprender libros ubique super le globo tam generalmente quam per exemplo notas e tabellas de logarithmos.

So ganz ohne Bildung wird man das wohl nicht verstehen. Doch wenn man nicht übersetzt wird, fällt die Arbeit der Rückübersetzung natürlich nicht an.

Warum **ändern** sich Sprachen?

Kurze Antwort: weil wir täglich reden, weil wir sie ständig gebrauchen. Nur: Nutzt sie sich da nicht ab? Nein, überhaupt nicht. Sie kann sich gar verbessern, wenn man so überhaupt reden sollte. Und vor allem, wir machen den Wandel nicht. Er könnte uns sogar stören, wenn es plötzlich anders ginge, als wir gelernt haben. (Tatsächlich soll es Leute geben, die genau das stört.)

Noch mal, wir machen den Wandel nicht, er passiert als Nebenprodukt unserer täglichen Kommunikation. Er ist ein Produkt der unsichtbaren Hand. Aber, wie geht das?

Wir folgen bestimmten Prinzipien in der Kommunikation:

1. Wir sind faul. Wir sagen nur das Nötigste. Das gilt schon für die Lautung der Wörter. Wir kürzen, wir verschleifen sie, soweit es geht. Im Deutschen wurde aus *hagazussa* (was vielleicht so viel bedeutete wie »die im Hag, im Wald sitzt«) das neue *Hexe*, dem man nichts mehr ansieht. Im Französischen wurde lateinisch *hoc ille* (≈ so ist es) mit der Zeit zu *oui*, ähnlich erging es lat. *hodie* »heute«, es wurde zu *hui*.

Und wir passen die Laute in Wörtern an, damit wir möglichst wenig Energie für die Artikulation verbrauchen. Ein Beispiel ist die Assimilation. Im alten Wort *anabos* »das, woran man schlägt« wurde das /n/ dem folgenden /b/ angeglichen. Dann musste die Zunge nicht zu den Zähnen wandern für das /n/, konnte sich schon auf das folgende /b/ einstellen. Und so haben wir nun *Amboss*.

2. Wir wollen verstanden werden. Darum hat unsere Faulheit Grenzen. So wurde das französische *oui* schon etwas länger geschrieben als gesprochen. Ähnlich *hui* mit einem überflüssigen *h* in der Schreibung. Da waren beide in der Schrift schon unterschieden, gesprochen aber gleich. Darum haben die Sprecher und Sprecherinnen wieder etwas mehr gemacht, um Missverständnisse zu vermeiden.

Das häufigere *oui* haben sie gelassen, dafür bei *hui* etwas Klärendes hinzugefügt: *aujourd'hui*, in etwa »am heutigen Tag«. Und das ist jetzt nicht mehr umständlich, sondern ganz normal. Das *hui* ist damit tot.

Oh, nein, es lebt noch im heute üblichen Wort. Aber vielleicht interessiert es kaum noch jemand.

Das Gegenstück zur Assimilation ist die Dissimilation. Sie dient dazu, die Artikulation von Wörtern deutlich zu halten. Man könnte sich denken, dass sich *mortar* oder *mörtar* entwickelt hat zu *Mörtel*, um die Kollision mit *Mörder* zu vermeiden.

3. Wir wollen so reden wie die anderen. Das trifft zuerst einmal auf das jeweilige Gegenüber zu. Wenn wir verstanden werden wollen, reden wir seine Sprache. Das geht natürlich nicht sehr tief oder in die Feinheiten. Darum machen wir uns ein Bild davon. Ja, und da gehen wir über das jeweilige hinaus zu den vielen. Was wir so täglich hören und lesen. Besonders, was uns neu und treffend erscheint. So können Trends und gar Moden entstehen. Wir wollen ja auch attraktiv reden.

Die Sprache ergibt sich in einem Ausgleichsprozess zwischen den Individuen. Sie existiert nur durch die Summe oder in der Summe der realen Äußerungen.

- Der sprachliche Wandel ist spontan und zufällig.
- Das Ergebnis ist unberechenbar und unvorhersehbar.
- Der ganze Sprachwandel ist schicksalhaft.
- Nichts kann ihm widerstehen, er ist notwendig und in der Natur der Sprache angelegt.

Die Sprache ist in permanentem Wandel. Dies ist etwas von ihrem Wesen Unzertrennliches. Dieser Prozess ist endlos, bevor ein Wandel vollzogen ist, gibt es schon neue Unterschiede, die weiteren Wandel bewirken können.

Im Wandel gibt es keine Sprünge. Die Evolution besteht in Tausenden von kleinen Schritten, feinsten Nuancen und minimalen Übergängen. Auch die geringste Veränderung des Usus ist bereits ein komplizierter Prozess, den wir nur begreifen, wenn wir individuelle kommunikative Ziele verstehen.

Ein gewöhnlicher Irrtum ist, dass eine in langem Zeitraum durch massenhafte kleine Verschiebungen entstandene Veränderung auf ein einziges Motiv zurückgeführt wird.

Der Wandel ist total und unbegrenzt, und es bleibt die Frage, wie in diesen chaotischen Wirbel überhaupt eine Ordnung kommen kann.

Gestatten Sie ein anschauliches Beispiel: die Vita, der Lebenslauf eines Wortes.

Ich bin der Muskel. Ich komme aus dem Latein. Woher genau, weiß ich nicht, und wann ich genau geboren bin, auch nicht. Aber sicher vor dem Jahre null. Neugeborene und Kinder schauen natürlich oft noch hübsch aus und sie sind klein. So auch bei mir, nämlich *mus*, auch schon mal *mūs*, weil ich natürlich länger wurde. Ich bin schon früh rumgekommen, war aber kein Flüchtling, sondern bekam früh die doppelte Staatsbürgerschaft und lebte hier und da. Hier *mus* und da *Maus*. (Ich muss vielleicht gestehen, dass bei einer schnellen Ahnenforschung herauskam, dass ich eigentlich ganz woanders herkam, nämlich aus den Steppen Osteuropas, das es damals natürlich nicht gab. Ich war irgendwie indogermanisch!) Mein Leben war nicht unbedingt schön, eher gefährlich. Die Menschen mochten mich nicht. Die Katzen schon, aber ich nicht die. So musste ich mich verkriechen. Ein Leben unter der Erde (also doch eine Art Flüchtling?)! So verkroch ich mich schon früh in eine Wade und machte mich klein zu *musculum* = das kleine Mäuschen. Das steckte eigentlich schon früh in mir. Denn Metzger und Feinschmecker wissen, worum es geht, wenn von der Maus die Rede ist. Obwohl es schönes, schieres Fleisch ist, sprechen manche da auch vom Nüsschen. Die richtig große Karriere habe ich dann aber als Muskel gemacht. Ich landete im Umfeld von Gelenken, Sehnen, Knochen und Nerven. Ich wanderte in Oberschenkel, in Arme und Brust. Auch vor dem Popo machte ich nicht halt. Da lernte ich alsbald das Zwacken und kam ins Umfeld von Schmerzen und Fieber, zerren, verhärten und verspannen. Mein Leben veränderte sich total durch die Erkenntnis, dass man mich trainieren, dehnen konnte und sollte. Damit ging das Geschäft los: mit Masseusen, Physiotherapeutinnen und Trainern. Meine Schwester übrigens ging nebenraus. Bis zum Muskel war sie noch in der Familie, aber dann mauserte sie sich zur *Muschel*, was bei jungen Mädchen nicht so erstaunlich ist. Da winkte schon die Venus. Über die Kurzform, mit der sie auch gerufen wurde, möchte ich hier nicht sprechen. Auf jeden Fall sind wir eine fruchtbare Familie. Wir leben heute verstreut über ganz Europa und die ganze Welt. Schauen aber überall ein bisschen anders aus: *músculo, musculo,* und zweisprachig französisch und englisch *muscle*.

Können Sprachen **kränkeln**, gar **verfallen?**

Aus dem Buch von der gesunden und kranken Sprache

> So war einst (und noch heute?) Fremdwörterei eine bis ins Mark, bis ins Herz der deutschen Sprache vorgedrungene krankhafte Entartung, eine schwärende, krebsige Wunde am Leibe deutschen Volkstums. Die Heilung von einer schweren Krankheit, die unsre Sprache befallen hat, ist eine große nationale Sache.

Schon die Eingangsfrage baut auf einen Mythos oder eine Art metaphorische Fassung von Sprache. Als Organismus wachsen und gedeihen Sprachen, verkümmern und sterben. Auch schön blumig treiben sie Knospen, Blüten bis hin zu Früchten aus sich selbst heraus.

Meistens ist hier wohl gedacht an Pflanzen in einem Gehege, das schön abgeschlossen ist und recht zu pflegen. In das Gehege können fremde Formen wie das Plural-*s* eindringen. Die zarten Pflänzchen können bedroht sein: Neue Formen breiten sich wie Ungeziefer aus. So mag dann die ganze Sprache verwildern.

Organismen sind auch Krankheiten ausgesetzt. Da drohen allerhand Erreger. Sie breiten sich aus, infizieren Sprecher, Sprecherinnen und Sprache, führen zu diversen Stilkrankheiten, bilden gar Krebsgeschwüre aus.

Was die deutsche Sprache, deren Gefährdung und Verfall betrifft, ist klar: Wenn jemand Fehler macht, dann ist die Sprache gerade die Instanz, nach der etwas ein Fehler ist. Aber kennt, wer den Fehler feststellt, die Sprache? Woher?

Zuerst einmal kennen alle ihren eigenen Idiolekt, ihre Kenntnis der Sprache. Wenn jemand sich eine Vorstellung von der Sprache macht, müsste er so vorgehen wie die Linguistik in der Korpusanalyse, müsste im Grunde alles, was gesprochen und geschrieben wird, als Basis nehmen. Und da stellte sich ja die Frage: Wann ist etwas in der Sprache oder nicht mehr, wenn sie verfällt? Wann ist es passiert? So lange man das nicht weiß, ist mit der Sprache nichts passiert.

Schauen wir in die Geschichte des Deutschen, sehen wir, dass immer schon Veränderungen im Gang waren und dass, was gestern falsch war, heute korrekt ist – und umgekehrt. Wer im Wandel Verfall sieht, braucht ein paar Zusatzargumente.

Sprachhistorisch wissen wir, dass in der Verbflexion einiges passiert ist. Eine Grobtendenz ist: Der Ablaut wird langsam abgebaut.

Das Partizip Perfekt, wie heißt es richtig: *gehießen* oder *geheißen*? Manche Verben sind völlig von den starken zu den schwachen gegangen. Andere sind dem Trend nur in manchen Formen gefolgt. Da sind Mischlinge entstanden wie *hauen – haute / hieb – gehauen.*

Ein schönes Verwirrspiel finden wir hier: Sicher kennen Sie das Wort *auserkoren.* Kennen Sie auch seine Verwandten, woher es kommt? Es stammt vom Verb *kiesen – kos – gekoren.* Das aber hatte einen starken schwachen Konkurrenten: *wählen – wählte – gewählt.* Im 19. Jahrhundert waren noch beide im Spiel. Goethe kannte natürlich alle zwei. Er schreibt in seinem Hochzeitslied:

> So rennet nun alles in vollem Galopp
> Und kürt sich im Saale sein Plätzchen.

Aber *kiesen* hatte eine Schwäche: Es war isoliert. Der *s-r*-Wechsel, der Rhotazismus, war phonologisch unmotiviert. Es war ein alter, unplausibler Zopf. Deshalb war der Konkurrent willkommen. Und dennoch ist *kiesen* nicht ganz gestorben. Es hat uns nicht nur den Rest in *auserkoren* hinterlassen, sondern auch ein neues schwaches Verb: *küren – kürte – gekürt.* Denn die *Kür* war auch vom Stamme *kiesen.* Dieses neue Verb war nun aber kein Konkurrent zu *wählen*, sondern hatte sein eigenes Reich, nämlich das, wo die Auserkorenen zwar nicht gewählt, aber doch gekürt werden.

Sollte der Übergang zur schwachen Konjugation schlecht sein? Verfall gar? Es ist eine Art Vereinheitlichung. Wer Deutsch als Fremdsprache lernt, weiß, wie quälend Ablautformen sind. Da wäre jede Vereinfachung sicherlich willkommen.

Auch in der Linguistik sind wir nicht ausgenommen von der Verfallsmetaphorik. Üblich ist die Redeweise vom Kasusverfall. Da schwang/schwung/schwingte bei manchen ein leises Bedauern mit, wenn so ein bewundernswertes, hoch strukturiertes System des rekonstruierten

Indogermanischen aufgegeben oder simplifiziert ward zum heutigen ärmlichen deutschen Kasussystem – vom englischen zu schweigen. Noch im Althochdeutschen war es da viel besser bestellt.

Und dann kommt der Bescheidwisser: Er beklagt sich darüber, dass in modernen Zeiten die Sätze so kurz würden. Thomas Mann habe noch einen mit 347 Wörtern geschafft. Der Schreiber selbst bringt es in dem Artikel immerhin auf einen Schnitt von etwa 14 Wörtern pro Satz. Chapeau! Aber er hat noch mehr auf Lager: Schrecklichstes Symptom der kranken Sprache sei jenes modische Pseudoenglisch.

Was sollen solche Artikel? Reagieren sich Reaktionäre ab in trauter Gemeinsamkeit mit Gleichgesinnten? Aber was haben sie davon? Wollen sie sich innerlich erheben über die anderen? Sie könnten sich ja raushalten und nicht zum Siechtum des Deutschen beitragen.

Können Sprachen *sterben?*

Natürlich können Sprachen sterben. Jedenfalls wird so geredet. Aber was heißt das? Was sagt man da?

Früher lernten wir, es gebe zehn romanische Sprachen. Heute werden auch schon mal 15 angegeben oder gar 26. Für die Zählung stellt sich natürlich das Abgrenzungsproblem, auf das es hier vielleicht nicht so ankommt. Von Erscheinungen wie dem sogenannten Moselromanischen, das in Sprachinseln an der Mosel bis ins 11. Jahrhundert gesprochen wurde, ist selbst bei der größten Zahl noch nicht einmal die Rede. Außerdem lernten wir, dass die zehnte romanische Sprache im Jahre 1898 gestorben sei. In diesem Jahr starb – er starb echt – nämlich der letzte Sprecher des Vegliotischen, wie es auf der Insel Krk gesprochen wurde. Können Sie sich in dessen Situation versetzen? Es gab niemanden mehr, mit dem er hätte reden können. Er allein konnte beurteilen, was vegliotisch korrekt war und was nicht ging. Da starb ein mächtiger Gewährsmann für die Linguistik!

Auf der Welt gibt es 6.000 bis 7.000 Sprachen. Das heißt lebende Sprachen, die als Muttersprache gelernt werden. Es heißt, wenigstens 3.000 von ihnen könnten verloren gehen. Seit 1950 wurden über 500 Sprachen gezählt, die nicht mehr im Alltag verwendet werden. Die Rate, mit der wenig bekannte Sprachen außer Gebrauch kommen, ist alarmierend und rechtfertigt die Warnungen vor dem Sprachentod.

Wird eine Sprache von weniger als 50 Menschen gesprochen, kommt sie auf die Todesliste. Aber auch eine Sprache mit mehr als 50 Aktiven ist ernsthaft gefährdet. Eine Sprache gilt als tot, wenn sie nicht mehr gesprochen wird, wenngleich noch schriftliche Aufzeichnungen existieren mögen: Wörterbücher, Grammatiken oder gar Transkriptionen. Eine Sprache gilt als ruhend, wenn sie nicht mehr gesprochen wird, aber für manche Menschen noch in Funktion ist als kulturelles Erbe, in Texten, die zum kulturellen Erbe gehören – wie beim klassischen Arabisch im Koran etwa.

Oft sterben Sprachen gar nicht total. Musterbeispiel das Latein als tote Sprache. Es lebt wunderbar lebendig fort in den romanischen Sprachen, halbdirekte Nachkommen, auch Mischlinge. Und es lebt in Texten, die heute noch gelesen und verstanden werden. Es lebt in anderen Sprachen, im Deutschen (*Pilz* aus lat. *boletus* zum Beispiel) wie im Englischen (*dish* oder *street* zum Beispiel). Und es lebt in bestimmten Bereichen, im religiösen Ritus bis in die Medizin und Juristerei.

Warum aber kommt eine Sprache zu Tode, um einmal in dieser Metaphorik weiterzureden? Wenn die Eltern sie nicht mehr als Erstsprache mit ihren Kindern verwenden, bricht die sprachliche Tradition ab. Sprachen sterben, weil kein Mensch sie mehr sprechen oder schreiben will, weil niemand sie mehr hört oder liest.

Wer eine der wichtigen Weltsprachen spricht, wird kaum draufkommen, was der Verlust einer Sprache bedeuten kann. Viele werden sogar meinen, dass die Welt besser dran wäre, wenn alle dieselbe Sprache sprechen. Nur welche? Am besten meine!

Am Leben halten können wir sterbende Sprachen nicht, aber wenigstens dokumentieren mit allen technischen Mitteln, die uns zur Verfügung stehen. Warum?

- Sie sind ein Zeugnis der Vielfalt des menschlichen Geistes und der menschlichen Kultur.

- Sie bewahren Wissen, das es nirgends sonst gibt.
- Sie sind ein Zeugnis der Evolution des Menschen.

Für die Linguistik, für Kognitions- und Kulturwissenschaft bilden sie einen unersetzlichen Fundus. Denn schon Charles Darwin schrieb in seiner Abstammung des Menschen: »Ist eine Sprache einmal ausgestorben, so erscheint sie [...] gleich einer Spezies niemals wieder.«

Bestimmt die Sprache unser *Weltbild?*

Eine uralte Frage. Spektakulär wurde sie formuliert in der populären Sapir-Whorf-Hypothese, die allerdings leider mehr Benjamin Lee Whorf als Edward Sapir ist.

Sapirs Überlegung war: Menschen leben nicht allein in der objektiven Welt, auch nicht in der Welt des sozialen Handelns, wie es normalerweise verstanden wird. Sie sind der jeweiligen Sprache ausgeliefert, die zum Ausdrucksmedium in ihrer Gesellschaft geworden ist.

Keine zwei Sprachen sind sich ähnlich genug, um als Repräsentanten derselben sozialen Realität angesehen zu werden.

Sapir war der Linguist, der die nordamerikanischen Sprachen, die Sprachen der Ureinwohner Amerikas, in eigener akribischer Feldforschung untersuchte. Er verstand diese Kulturen. Whorf war Ingenieur und Angestellter einer Feuerversicherung. Er studierte nebenbei bei Sapir und befasste sich ebenso intensiv mit Indianersprachen.

Eins seiner berühmten Beispiele aus der Versicherungsbranche: Ein Arbeiter, der nicht Englisch als Muttersprache hatte, stellte eine Flasche nahe bei einer Heizung ab: Die Aufschrift »highly inflammable« hatte er als »unbrennbar« verstanden.

In einem anderen Fall glaubten Arbeiter, dass ein Gaskessel auf dem »leer« stand, nicht explodieren würde, weil eben nichts drin ist.

Wie das die generelle These stützen soll, ist schwerlich zu begreifen.

Die Tradition wird gewöhnlich auf einen berühmten Deutschen zurückgeführt. Wilhelm von Humboldt in »Von der Natur der Sprache«:

»... so liegt in jeder Sprache eine eigenthümliche Weltansicht. [...] Der Mensch lebt auch hauptsächlich mit den Gegenständen, so wie sie ihm die Sprache zuführt [...] und jede Sprache zieht um die Nation, welcher sie angehört, einen Kreis, aus dem es nur insofern hinauszugehen möglich ist, als man zugleich in den Kreis einer andren Sprache hinübertritt. Die Erlernung einer fremden Sprache sollte daher die Gewinnung eines neuen Standpunkts in der bisherigen Weltansicht seyn.«

Die Thesen sind so umstritten aus zwei Gründen:

1. Sie sind viel zu global und ganz unterschiedlich ausdeutbar. Vor allem wimmelt es vor Übertreibungen.
2. Menschen sind so gestrickt, dass sie diese Bestimmtheit nicht empfinden können, nicht erfahren, und dass sie andererseits die Art von Kontrolle nicht wahrhaben wollen – aus Gründen der Selbstbestimmtheit.

Die Redeweise vom Weltbild oder der Weltansicht geht davon aus, es gebe hier die Welt, die eigentliche Welt, und da unser Bild von ihr. Es gibt aber wenig Anlass zu glauben, die Welt sei irgendwie anders, als ich sie sehe, als wir sie sehen. Schon, wenn ich Rot sehe, muss ich wissen, was Rot ist und was *rot* bedeutet.

Unsere Welt wird weitgehend uns allen medial vermittelt und medial aufgebaut. Darum wäre auch eine sprachunabhängige Welt recht ärmlich.

Eine andere Idee ist, wir seien in diesem Weltbild gefangen. Da ist natürlich was dran, weil es für uns das Selbstverständliche ist, über das wir schwerlich hinauskommen. Die Welt ist eben, wie sie ist. Und darum ist auch die Rede vom Gefangensein windschief. Wir bemerken die Gitter und Zäune nicht. Ja, wir können sie nicht bemerken.

Dein Weltbild hast du nicht aus freien Stücken.
Du kannst es nicht sehen, nicht erblicken.
Du kannst es nicht ändern, nicht verbessern.
Du kannst es so auch nicht verwässern.
Unbemerkt entsteht es,
Unbemerkt vergeht es.

Denken
ohne Sprache?

Die Frage, ob wir ohne Sprache denken können, ist ein Renner. Schon die Frage kann verwirren. Was wird jeweils unter Denken verstanden? Kann man die Frage überhaupt unabhängig von dem Verb *denken* stellen? Einer Kuh, die nur die schmackhaften Grasbüschel frisst und alles andere stehen lässt, könnte man durchaus so etwas wie Denken unterstellen. Auf jeden Fall wendet sie eine Art Wissen an, das vielleicht sogar erworben ist. An der Debatte haben sich große Geister beteiligt, allerdings weniger in der weit verbreiteten Vulgärform, dem Postulat einer eigenen Denksprache, des Mentalesischen. Leibniz, einer der großen Philosophen, habe angenommen, es gebe eine *lingua mentalis*. Er wollte eine *scriptura universale* entwickeln, als eine *lingua mentis*. Diese Sprache des Geistes sollte einerseits einfacher als die Menschensprache sein, andererseits aber komplexer. Ein gewisses Problem allerdings bleibt: Wir haben diese Sprache nicht vorliegen. Wie könnten wir sie beschreiben?

Warum ist die Ausgangsfrage eigentlich so wichtig, so spannend? Ich glaube, es geht dabei um die individuelle Freiheit. Wenn ich schon nicht denken kann, was ich will, dann bin ich unfrei. Beachten Sie aber diese Formulierung, weil da noch eine weitere Instanz ins Spiel kommt, nämlich das Ich, das etwas will. Wäre das Wollen noch vor dem Denken? Was ich denke, bleibt auf ewig bei mir. Auf jeden Fall, wenn ich es nicht sagen kann.

Vielleicht könnten wir die Frage etwas kleiner halten, sodass wir etwas mehr Evidenz gewinnen könnten. Vor allem sollte es nicht so sehr gehen um das, was sein könnte, sondern um das, was ist. Hier ginge es dann weniger darum, was ein Individuum denkt, sondern darum, was gesagt wird, was sozusagen manifest wird in unserer Kommunikation.

Ein praktischer Tipp:

> Wenn Ihnen jemand sagt, dass Sie etwas
> nicht denken könnten, dann fragen Sie: »Was denn?«

Nun aber zu einer moderneren Variante: Wer spricht Mentalesisch? Wohl niemand. Denn das Mentalesische soll die Sprache des Denkens sein. Ein Vertreter sagt: »Die Menschen denken nicht auf Deutsch, Englisch, Chinesisch oder Apache« (Steven Pinker: Der Sprachinstinkt, 1998, Seite 70). Die Idee ist so neu nicht. Es geht um die Gedankensprache. Die Gedankensprache ähnelt wahrscheinlich jeder Sprache ein wenig. Vermutlich besitzt sie Symbole für Konzepte und Symbolanordnungen, die angeben, wer wem was getan hat. Doch im Vergleich mit einer jeden anderen Sprache muss Mentalesisch paradoxerweise in gewisser Weise ausführlicher und in gewisser Weise auch einfacher sein.

Es könnte durchaus sein, dass wir Deutsche gewissermaßen in einem vereinfachten Quasideutsch denken und Apachen in einem vereinfachten Quasiapache. Aber damit diese Gedankensprachen logisches Denken ermöglichen, müssen sie einander sehr viel ähnlicher sein als ihren jeweiligen gesprochenen Pendants; wahrscheinlich sind sie sogar gleich und bilden ein universales Mentalesisch.

Die Mär geht weiter: Eine Sprache zu beherrschen, heißt zu wissen, wie Mentalesisch in Wortketten zu übersetzen ist und umgekehrt. Menschen ohne eine Sprache verfügen dennoch über Mentalesisch. Babys und viele nichtmenschliche Lebewesen beherrschen vermutlich einfachere Dialekte davon. Ja, beherrschten Babys kein Mentalesisch, das sie ins Deutsche und zurück übertragen könnten, so wäre unklar, wie sie dann überhaupt Deutsch lernen könnten.

Sie merken schon, dass hier viel Spekulation, Fantasie und Absurdität im Spiel ist. Karl Kraus war jedenfalls ganz anderer Meinung:

> »Die Sprache ist die Mutter, nicht die Magd des Gedankens.«
>
> (Karl Kraus: Pro domo et mundo, Seite 14)

Welche **Mythen** ranken sich um die Sprache?

Um die Sprache ranken sich allerlei Mythen. Ein sprachlicher Mythos ist die biblische Geschichte, wie Adam umherwanderte und den Tieren Namen verpasste. Die Grundidee ist, Menschen könnten irgendwie bestimmen, wie irgendwas heißt und was der Sinn von Wörtern ist.

Auch die babylonische Sprachverwirrung als Noterklärung der Sprachenvielfalt und Abschied von der einen Ursprache kann als Mythos gesehen werden. Er hat seine Quelle hier:

> Wohlauf, lasst uns herniederfahren und dort ihre Sprache verwirren, dass keiner des andern Sprache verstehe!
>
> (1. Mose 11,7)

Mythen mögen sich verfestigen zu kollektiven Vorstellungen, die etwas erklären, die aber auch von vielen als irrational gesehen werden. Mythen werden weiter ausgeführt. Oft rankt sich ein ganzes Geflecht um sie. Und sie machen ihre eigene Geschichte. In der Adam-Geschichte steckt ein anderer Mythos: hier ein Ding und da ein Zeichen dafür. Die ganze Sprache wird damit zu einer Art Nomenklatur, ein Abbild der vorgegebenen Welt.

Der Abbildmythos wird seit Langem sprachkritisch gewendet. Es soll offenbar vorkommen, dass die Sprache die Welt nicht mehr oder noch nicht richtig abbildet: Sprache und Welt klaffen auseinander, wurde das mal dramatisch formuliert. In der adamatischen Geschichte wäre das natürlich nicht möglich. Denn Adam war ja der Kreator, der festlegte, wie die Dinge heißen sollten. Und er war ja nach der Überlieferung nicht betrunken.

Wer sprachkritisch und abbildtheoretisch argumentiert, muss also irgendwie annehmen, dass die Menschen die kreierte Sprache inzwischen irgendwie versaut haben, und er muss natürlich beanspruchen, er habe den unsprachlichen Zugang zur Welt und könne das beurteilen.

Toller noch, wenn der Abbildmythos umgekehrt wird. Wenn nicht mehr die Welt die Sprache bestimmt, sondern schlicht die Sprache die Welt. Dann kann man einfach die Welt verändern, indem man die Sprache verändert (was ja Gott sei Dank auch nicht so einfach ist). Natürlich sind Sprache und Welt verwoben. Aber so schlicht ist das Verhältnis nicht. In menschlicher Kommunikation entstehen Sprache und Welt interaktiv und in engem Zusammenhang.

In sprachkritischen Überlegungen war immer wieder davon die Rede, dass die Sprache insgesamt oder einzelne Redeweisen die Welt nicht richtig darstellen. Und die Idee war, dass man das in die Reihe bringen müsse. Weitergehend wurde dann gar angenommen, dass weder die Sprache noch die Welt so richtig in der Reihe sind. Bringen wir also zuerst die Sprache in die Reihe, dann wird das mit der Welt auch weitergehen. Aber wie soll das gehen? Dazu ein weiterer Mythos: Die Sprache ist entstanden durch Übereinkunft. Das glauben und sagen heute noch viele. Doch die Annahme, dass irgendwann einmal die Sprache als Ganzes eingeführt wurde, vielleicht über eine Art Sozialvertrag, läuft in eine logische Sackgasse. Zur These von der Übereinkunft hat der amerikanische Philosoph Willard Van Orman Quine eine nette Episode erzählt: Als Kind habe er sich die Übereinkunft so vorgestellt, dass wie auf einem Rembrandt-Gemälde die weisen Ratsherrn mit weißen Stehkragen zusammengesessen hätten und die einschlägige Übereinkunft geschlossen hätten. Aber da schon der große Logiker in ihm schlummerte, habe er sich gefragt, welche Sprache die Weisen dabei wohl gesprochen hätten. So also geht es logisch nicht! Und so geht es überhaupt nicht!

Die Sprache ergibt sich als das unreflektierte Ergebnis spezifischer individueller Bestrebungen, aus Millionen kleinster Lösungen, die aufeinander aufbauen und kumuliert werden. Das alles hat eine Komplexität, die kein Mensch überblicken oder antizipieren, geschweige denn in rationaler Überlegung vorplanen oder beurteilen könnte, was beispielsweise manch einen dazu verführte, einen göttlichen Schöpfer zu postulieren.

Aber die Sprache ist nicht nur beständig, sie ist auch ständig im Wandel. Der Wandel passiert. Wir müssen ihn nicht machen und wir können ihn nicht machen.

Schon die Größe und die Unüberschaubarkeit der Sprache machen es unmöglich, dass Einzelne hier etwas ändern könnten. Aber vor allem können wir uns nicht einigen. Eine gültige Übereinkunft scheitert nicht nur an der Größe, sondern auch daran, dass wir alle ein bisschen was anderes wollen. Und ich im Besonderen. Wie sollte es da zu einer echten Einigung kommen?

Eine Sprache *beherrschen* – Wie soll das gehen?

Tatsächlich ist eine der häufigsten Verbindungen mit *beherrschen*: eine Sprache, seine Muttersprache, eine Fremdsprache und damit verbundene Fähigkeiten. Es geht – linguistisch gesprochen – um Sprachkompetenz.

Eine Sprache beherrschen wird im Normalfall so verstanden wie *eine Sprache können*. Und dann mit Einschränkungen: perfekt oder nur rudimentär, schriftlich und mündlich und dazu dann noch die Rechtschreibung.

Klar ist, dass es hier nicht darum geht, dass irgendjemand Macht über die Sprache hätte, sie nach Gutdünken richten könnte. Wir nutznießen sie.

In vielen Zusammenhängen ist die Frage: Wie gut kann jemand Deutsch? Bei deutschen Muttersprachlern denkt man vielleicht, alle könnten die Sprache gleich gut. Auf der anderen Seite wissen wir

- dass es Menschen gibt, die sie besonders gut können,
- dass wir alle langsam und im schulischen Zusammenhang auch mühsam und unterschiedlich gut Deutsch lernen.

Von der Schule her wissen wir, dass man die Deutschkenntnisse auch prüfen kann und das soll mittlerweile auch in beruflichen Zusammenhängen eine Rolle spielen. Je relevanter diese Beurteilung wird, umso objektiver und valider sollte das Beurteilungsverfahren sein. Das gilt natürlich besonders bei Deutschprüfungen für Nichtmuttersprachler.

Für Prüfungszwecke hat man die Sprachkompetenz auch unterteilt:

- Wie gut kann jemand schreiben?
- Wie gut kann jemand lesen und verstehen?
- Wie gut kann jemand mündlich kommunizieren?

Im Detail versucht man das zu beschreiben im Gemeinsamen Europäischen Referenzrahmen. Das Sprachniveau gliedert sich demnach in sechs Stufen von A1 (Anfänger) bis C2 (Expertinnen).

Das ist natürlich erst mal eine äußerliche Einteilung, die eher nichts sagt darüber, wer was können sollte. Darum wird versucht, weiter zu definieren, was man da beherrschen müsste.

A1

Kann vertraute, alltägliche Ausdrücke und ganz einfache Sätze verstehen und verwenden, die auf die Befriedigung konkreter Bedürfnisse zielen. Kann sich und andere vorstellen und anderen Leuten Fragen zu ihrer Person stellen und kann auf Fragen dieser Art Antwort geben.

A2

Kann Sätze und häufig gebrauchte Ausdrücke verstehen, die mit Bereichen von ganz unmittelbarer Bedeutung zusammenhängen. Kann sich in einfachen, routinemäßigen Situationen verständigen, in denen es um einen einfachen und direkten Austausch von Informationen über vertraute und geläufige Dinge geht.

B1

Kann die Hauptpunkte verstehen, wenn klare Standardsprache verwendet wird und wenn es um vertraute Dinge aus Arbeit, Schule, Freizeit usw. geht. Kann sich einfach und zusammenhängend dazu äußern. Kann über Erfahrungen berichten, Träume, Hoffnungen und Ziele beschreiben und zu Plänen und Ansichten kurze Begründungen oder Erklärungen geben.

B2

Kann die Hauptinhalte komplexer Texte zu konkreten und abstrakten Themen verstehen. Kann sich so spontan und fließend verständigen, dass ein normales Gespräch mit Muttersprachlern ohne größere Anstrengung auf beiden Seiten gut möglich ist. Kann sich zu einem breiten Themenspektrum klar und detailliert ausdrücken, einen Standpunkt zu einer aktuellen Frage erläutern und die Vor- und Nachteile verschiedener Möglichkeiten angeben.

C1

Kann ein breites Spektrum anspruchsvoller, längerer Texte verstehen und auch implizite Bedeutungen erfassen. Kann sich spontan und fließend ausdrücken, ohne öfter deutlich erkennbar nach Worten suchen zu müssen. Kann sich klar, strukturiert und ausführlich zu komplexen Sachverhalten äußern und dabei verschiedene Mittel zur Textverknüpfung angemessen verwenden.

C2

Kann praktisch alles, was er/sie liest oder hört, mühelos verstehen. Kann Informationen aus verschiedenen schriftlichen und mündlichen Quellen zusammenfassen und dabei Begründungen und Erklärungen in einer zusammenhängenden Darstellung wiedergeben. Kann sich spontan, sehr flüssig und genau ausdrücken.

Sicher können Sie das alles und noch viel mehr. Für Prüfungen kommt nun die wichtige Frage hinzu: Wie gut kann man und wie verlässlich kann wer diese Sprachfähigkeiten beurteilen?

Sie können sich vorstellen, dass hier viel Subjektivität im Spiel sein wird. Ja, dass sogar fraglich sein wird, wie gut und wie begründet die jeweilige Auswahl und vor allem auch die Beschreibung ist. Vor allem sind ja Prüfungen nicht *real life* und es bleibt fraglich, wie weit das Geprüfte real ist. Dies wäre dann eher ein Spezialthema.

Hier noch zu einem anderen Aspekt unseres Themas, nämlich der Frage, ob und wie irgendjemand die Sprache beherrscht in dem Sinn, wie ein Herrscher ein Land beherrschen kann. Kann jemand etwas an der Sprache, an unserer gemeinsamen Sprache ändern? Und wenn er es könnte, hätte er ein Recht dazu?

Wenn Sprache Übereinkunft wäre, dann könnten wir gemeinsam die Sprache ändern. Das wäre vielleicht vorstellbar, aber unrealistisch, weil wir uns nicht einigen können. Tatsächlich versuchen Sprachkritiker bestimmter Couleur, über einen Umweg dahin zu kommen in ihrem Appell, es müsse eine gemeinsame Norm geben, und wir sollten sie der Einheitlichkeit halber einhalten. Sie thematisieren natürlich nicht, dass es sich da nicht um echte Übereinkunft handelt. Denn die Sprachkritiker und Sprachpfleger sagen, wie das Sprechen auszuschauen hat, und die Adepten mögen bitte folgen. Wer das als Übereinkunft darstellt, sollte der Sprachkritik anheimfallen. Und ins Autokratische driftet es sowieso.

Auch dem Paradox gelingt es, die Sorge um die deutsche Sprache zu wecken und gar zu verlangen, man müsse so und so reden, um das

Deutsche hochzuhalten, zu retten gar. So soll ich in Verantwortung für die deutsche Sprache gebracht werden. Aber das ist eine Nummer zu groß für mich. Dazu brauchen wir die Sprachpäpste: nicht gewählt – nicht einmal im Konklave, sondern selbsternannt. Sie stehen an der Spitze, können, dürfen und sollen entscheiden, was sprachlich richtig und was falsch ist.

Der Mythos der Beherrschbarkeit wirkt noch in anderen Hinsichten. Unsere persönliche Erfahrung sagt uns, dass

- wir unseren Sprachgebrauch ändern können,
- wir uns verbessern können,
- wir neue Sprachen lernen und beherrschen können.

Darum spricht all dies überhaupt nicht dagegen, dass ich besser – noch besser? – Deutsch lernen könnte. Und Sie?

Was hat die **Schrift** der Menschheit gebracht?

Vor Jahren hat mir eine Kollegin diesen Brocken geschenkt. Sie sagte, es sei ein Stück einer sumerischen Tontafel mit Keilschrift. Ich habe ihr geglaubt. Habe nicht geforscht, ob das Teil authentisch ist oder nur etwas für Touris.

Ich sitze etwas ratlos vor dem Stein: Ich weiß nicht, wie ich ihn halten soll, wo oben und unten ist, wo rechts, wo links. Und natürlich weiß ich auch nicht, ob man die Schrift von rechts nach links oder von links nach rechts liest oder von oben nach unten oder gar von unten nach oben. Ich sitze irgendwie davor wie ein Forscher, der zum ersten Mal so etwas findet.

Man sagt mir, dass es sehr viele solcher Funde gibt, vor allem mehrere Tausend Tontäfelchen, die noch wesentlich älter sind. Als gestandener Schriftforscher wüsste ich natürlich viel – wenigstens behaupten die das. Was also sehen Sie hier?

Es heißt, die daumenartigen Abdrücke stünden für die Eins und drei davon also für eine Drei. Das wäre rein ikonisch: eine Eins-zu-eins-Zuordnung von Zeichen und Bezeichnetem. Beiden sind die entscheidenden Eigenschaften gemeinsam. Aber mit dieser Darstellung kamen die Menschen nicht weit. Oder waren Menschen, die nur bis drei zählten, so klug, dass sie ihre Waren zu Dreierpaketen zusammenfassten? Vielleicht haben auch die tiefen Löcher unten was zu sagen. Möglicherweise standen sie für eine größere Anzahl. Da wäre dann das ikonische Prinzip schon weiterentwickelt. Die Beteiligten können nicht mehr so leicht ihre Schlüsse ziehen. Sie müssen die Konvention, die Bedeutung des Zeichens kennen. Darum ist es für die Entschlüsselung auch so angenehm, wenn die Zeichen ikonisch gedeutet werden können. Ob das allerdings stimmt, ist eine andere Frage. Vielleicht wurde man durch Einfachheit und Plausibilität verführt. Am Anfang habe ich über die Leserichtung gesprochen. Da hatte ich schon unsere Brille auf. Vielleicht handelt es sich gar nicht um einen fortlaufenden Text. Warum sind denn einzelne Regionen abgetrennt durch Striche? (Oder glauben Sie, das seien auch Schriftzeichen?) Vielleicht ist das Eingezäunte jeweils eine Kartusche, wie sie in der Hieroglyphenschrift vorkommen. In jeder Kartusche ist sozusagen eine Lieferung erfasst: worum es geht und wie viel davon.

Sie merken schon: Mich würde nicht die Darstellung interessieren, was ist oder was war. Viel spannender wäre für mich, wie ich als Forscher draufkäme. Denn je mehr ich lese, umso mehr wachsen meine Zweifel.

Was mir besonders missfällt, ist der Zungenschlag, der alles so darstellt, als hätten diese Menschen die Schrift gebraucht, um ihre wirtschaftliche Tätigkeit zu verbessern, und dann hätten sie sie geschaffen. Dabei entgeht uns, dass so viele Dinge und Institutionen eine evolutionäre Geschichte haben, sich langsam entwickelt haben und vor allem logisch gar nicht angefangen haben können mit der Idee, so etwas zu schaffen.

Darum wird man hier auch eine Art Koevolution von Schrift und Wirtschaft ansetzen. Irgendwer hat mal damit angefangen, etwas aufzuzeichnen und hatte damit wirtschaftlichen Erfolg. Das haben auch andere gesehen und so wurde im Wirtschaftsgeschäft die Methode langsam weiterentwickelt, und zwar gemeinsam, nicht durch einen kreativen Geist, der alles auf einen Schlag schafft.

Zweifelsfrei scheint mir allerdings, dass durch die Schrift das externe Gedächtnis der Menschheit gegeben ist. Schon die geschäftsstützenden Tontäfelchen waren ja wohl dazu da, etwas festzuhalten. Das ist der Sinn der Schrift, egal zu welchem Zweck und für welche Dauer etwas festgehalten wird. Wie dieses externe Gedächtnis aussieht, und vor allem, wie groß es ist, können wir uns heutzutage mit dem Internet veranschaulichen. Natürlich weiß niemand genau, wie groß das Internet ist. Öfter ist die Rede von 5 Millionen Terabyte. Das möchte ich nicht ausschreiben, es geht um etwa $5*10^{12}$ Bytes. Dazu muss man wissen, dass ein Byte schon aus acht Zeichen besteht. Es sind acht Positionen, acht Bits, deren jede zwei Zustände annehmen kann, was in der Regel durch 0 und 1 dargestellt wird. Was die große Zahl besagt, ist unsicher. Auf jeden Fall wurde das meiste davon geschrieben. Das meiste sage ich, weil im Internet auch Bild und Ton zu finden ist. So auch eins unsrer Tontäfelchen. Das Internet wird außerdem täglich aufgefüllt, mit neuem Text und mit altem. Da hilft uns nur Suchen und Selegieren. Und damit wird die Methode das Wichtigste und ihre Begründung. Für manche könnte es heilsam sein, wenn sie realisieren, mit wie wenig sie sich begnügen und welch kühne Schlüsse sie aus dem wenigen ziehen. Aber es ist die Conditio humana, dass wir so selbstbezogen sein müssen. Das Internet hat uns wenigstens dafür die Augen geöffnet. Oder?

Das früh Festgehaltene gibt uns auch Stoff für unsere Fantasie. Wir können uns Gedanken machen, wie diese Menschen gelebt haben, vor allem, ob wir mit den Funden dazu etwas rausbekommen. Allerdings nicht mit frei schwebender Fantasie, sondern mit kriminalistischer Methode, in der die Fakten zählen und alle Schlussfolgerungen fundiert sein müssen.

Wenn von der Entstehung der Schrift die Rede ist, dann meint man die Entstehung eines Zeichensystems, mit dem man Informationen festhalten kann. Die Schrift gibt es konkret nicht. Wir haben es immer mit verschiedenen, oft verschiedenartigen Schriften zu tun. Schriften sind auch in jüngerer Zeit entstanden und vielleicht kann man da die Prinzipien besser verfolgen. Wenn von der Entstehung der Schrift die Rede ist, dann stellt sich oft die Frage: Bild oder Schrift? Diese Frage kann befriedigend nur beantwortet werden mit einer Typologie von Zeichen und mit der Entwicklung solcher Systeme. Denn wie überall bei menschlichen Institutionen ist der genetische Blick angebracht, wenn man sie verstehen will.

Zu unserer Ausgangsfrage bleibt noch etwas Wichtiges zu sagen: Die Schrift war ein frühes Mittel, um über Entfernungen zu kommunizieren. A konnte B seinen Willen über Entfernung kundtun. Es war kein reitender Bote dazwischen, der den Text aus dem eigenen Kopf hersagte.

Viel wichtiger noch: Die Schrift ermöglicht uns das historische Gedächtnis. Alles Festgehaltene kann Zeiten überdauern. Es hat keinen bestimmten Adressaten mehr. Den kann es zwar gehabt haben, aber das schriftlich Festgehaltene wird zum Allgemeingut. Auch das unsinnig Scheinende, das Uninteressante gehören dazu, gehören ins Gedächtnis der Menschheit.

Geheimsprachen –

Sind sie zu *knacken?*

17.8.14

6.5.16

Dies ist ein Ausriss aus den Tagebüchern, die Ludwig Wittgenstein im Ersten Weltkrieg im Felde führte. Rechts Gedankensplitter zu seinem Jahrhundertwerk: »Tractatus Logico Philosophicus«. Links seine persönlichen Leiden und die sozialen mit den »Kameraden« – in Geheimschrift.

Diese Geheimsprache war eher ein Kinderspiel. Sie verwendete eine einfache Umcodierung von Buchstaben. Eine entsprechende Scheibe soll schon Julius Cäsar gehabt haben. Dabei wird jedem Buchstaben der einen Codierung genau einer der anderen zugeordnet. So wird ENIGMA zu RAVTZN.

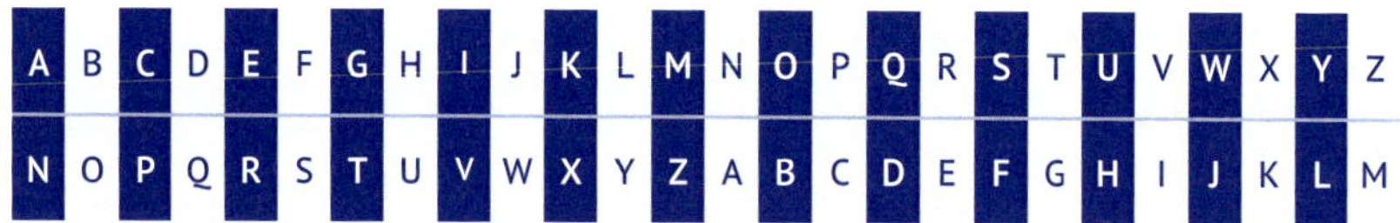

Als Kinderspielzeug wurden auch die kleinen Codiermaschinen genutzt wie die »réglette de St. Cyr« aus der südfranzösischen Militärhochschule. Sie sind aber ein großer Fortschritt gegenüber der simplen Eins-zu-eins-Codierung. Der Fortschritt beruht darin, dass der Code variabel ist. Bei dieser Einstellung hier würde ENIGMA codiert zu NWRPVJ. Verschiebt man den Schieber, wird ein anderer Code eingestellt und es kommt etwas anderes raus.

A B C D E F H I J K L M N O P Q R S T U V W X Y

A B C D E F H | I J K L M N O P Q R S T U V W X Y Z A B C D E F G H | I J K L M N O P Q R S T U V W X

Die réglette legt also keinen Code fest. Der Partner braucht nur die Einstellung, den Schlüssel, dann kann er den Code erzeugen. Der ist nun das eigentliche Geheimnis von A und B. Dennoch ist ein solches Maschinchen leicht zu knacken. Nicht mit der Methode von Umberto Ecos mittelalterlichem Meisterdetektiv in seinem Roman »Der Name der Rose«: »Die erste Regel beim Entziffern einer Geheimbotschaft ist zu raten, was sie uns sagen will.«

Man muss nicht groß raten. Immer wird hier je ein Buchstabe ersetzt durch je einen anderen. Der Knackpunkt: Wenn man ein bisschen linguistische Ahnung von der jeweiligen Sprache hat, kommt man schon weit. Wenn man weiß, wie frequent die Buchstaben in deutschen Texten sind, kann man die Frequenzen im codierten Text ermitteln und entsprechend die Buchstabenpärchen. Hier die Häufigkeit der Buchstaben im Deutschen.

Platz	Buchstabe	Relative Häufigkeit
1	<E>	17 %
2	<N>	10 %
3	<I>	7 %
4	<S>	7 %
5	<R>	7 %
6	<A>	6 %
7	<T>	6 %
8	<D>	5 %
9	<H>	5 %
10	<U>	4 %
11	<L>	4 %

Nehmen Sie an, Sie bekommen diese Rangfolge der Buchstaben in einem codierten Text: Daraus können Sie schließen, dass r = e und a = n. Die sind nach der Gesamtliste ja klar zu unterscheiden. Schwieriger wird es auf den Rängen 3 bis 7. Hier sind die Unterschiede so gering, dass wir uns nicht trauen, Gleichungen aufzustellen.

R	104
A	65
V	55
E	49
U	45
N	42
G	40

Aber auch hier kommen wir statistisch weiter. Wir betrachten dazu Zweierfolgen für das Deutsche und vergleichen mit dem Geheimtext. Im Deutschen schaut die Reihenfolge der Buchstabenpärchen etwa so aus:

ER > EN > CH > DE > EI > IN > TE > IE > GE > ND > UN

Vergleicht man sie mit den Folgen im Geheimtext, kommt man noch weiter. Außerdem könnte man die Verteilung der Buchstaben am Wortanfang oder am Wortende vergleichen. So wird es ein Leichtes, den Cäsar-Code zu knacken. Übrigens als Tipp: Je länger ein Text, umso leichter ist er zu entschlüsseln. Auch hier läge in der Kürze die Würze.

Geheimsprachen dienen in einer Dreierkonstellation mit verschiedenen Rollen: Zwei, eben A und B, möchten miteinander kommunizieren, ohne dass ein E sie versteht. Sie sehen E vielleicht als Eindringling, der von außen mithören will. Die Geheimsprache sichert die Freiheit der Rede, die Selbstbestimmtheit der Kommunikation. Sie sichert Vertraulichkeit und Vertrauen, das soziale Fundament der Kommunikation. Allerdings ist da noch das E, das eben ausgeschlossen wird und

Anstrengungen unternehmen wird, dabei zu sein. Darum bleiben immer noch zwei Wie-Fragen:

- Wie schafft es E, den Code oder den Schlüssel zu knacken?
- Wie schaffen es A und B, dass E das nicht schafft?

In neuerer Zeit gab es in Bezug auf Codierung und Geheimsprachen große Fortschritte (wie überhaupt in der Welt). Es gibt eine einschlägige Wissenschaft: die Kryptologie, eine Art angewandter Mathematik. Ihr geht es einerseits darum, verwendete Verschlüsselungen zu entschlüsseln, andererseits die unknackbare Verschlüsselung zu finden. Die Kryptologen behaupten jetzt, sie hätten den unknackbaren Code gefunden und könnten es sogar beweisen. Skeptiker werden vielleicht sagen: Warten wir mal ab.

In neuerer Zeit ist eine neue Nutzung von Schlüsseln wichtig geworden. Es geht nicht mehr darum, verschlüsselte Botschaften zu übermitteln, sondern darum, sich mit einem Schlüssel zu identifizieren oder zu authentifizieren. Hierzu dienen Passwörter, PINs oder Kennwörter oder wie immer das Gleiche genannt wird. Nur ich kenne mein Passwort. Wenn ich es gegeben habe, komme ich in einen abhörsicheren Raum, in dem ich meine Botschaft offen vermitteln kann. Natürlich bin ich nicht der Einzige, der das Passwort kennt. Die Maschine kennt es sowieso; sie ist die Türwächterin. Zwischen A und B braucht es nun keine Geheimsprache mehr. Hauptsache kein E hört mit! Sonst könnte es bei Bankgeschäften teuer werden.

Die modernen Verschlüsselungen sind nicht zum Sprechen da. Sie sind auch nicht für menschliche Kommunikation gedacht. Darum entwickeln sie gerade Verfahren, die der menschlichen Sprachfähigkeit zuwiderlaufen.

In neuester Zeit wird im Internet SSL-Verschlüsselung verlangt. Da wird der elektronische Text in Blöcke zerlegt in mehreren Runden verschlüsselt. Wir können nur hoffen, dass stufenweise auch die Schlüssel verschlüsselt werden. Das so Verschlüsselte sei bis heute nicht knackbar. Aber irgendwo habe ich gelesen, man könne das Schlüsselzertifikat auch bei der NSA bekommen. Ja, Bock und Gärtner.

Bleibt zum Schluss noch die Geschichte von Enigma. Die Enigma galt zu ihrer Zeit als die unknackbare Chiffriermaschine. Sie wurde alsbald vom deutschen Militär in Beschlag genommen. Es heißt, während des

Zweiten Weltkriegs seien mehr als 30.000 Maschinen produziert worden.

Die Maschine sah ein bisschen aus wie eine große Schreibmaschine. Im Inneren liefen nebeneinander drei Walzen, so ähnlich wie bei einem Zahlenschloss. Nach jedem gedrückten Buchstaben standen sie in einer neuen Konstellation, sodass jeder Buchstabe auf eine andere Weise verschlüsselt wurde.

Wie die Entschlüsselung funktionierte, ist eine andere Frage. Historisch von Belang ist: Dem berühmten Mathematiker Alan Turing gelang es mit Helfern, die Codierung zu knacken. So konnten die Engländer über Jahre mitlesen. Und das war ja vielleicht im Sinne der Menschheit nützlich.

Für Sie noch der Hinweis: Der erste simple Code ist der, den Wittgenstein verwendet. Kryptologischer (nicht nur philologischer) Ausbildung bedarf es auch zum Verständnis manch linguistischer oder literarhistorischer Schriften.

Hier noch etwas eher Entspannendes.

Die Löffelsprache – eine Geheimsprache nenn ich sie mal – hat mit der Silbenstruktur zu tun, die Sprechern bewusst ist. Auch das französische Verlan konnten die Metzger ohne Probleme sprechen. Nicht eigentlich eine Geheimsprache, eher eine Art Jargon, mit dem man zeigte, dass man dazugehört.

> Il a pécho sa meuf dans le métro ce ouf.
> Il a chopé sa femme dans le métro ce fou.

Er hat seine Frau in der Metro gekauft, der Blödmann.

Hier werden einfach die Silben bestimmter Wörter vertauscht. Das tun heute noch Jugendliche mit einzelnen Wörtern, vielleicht weil es chic oder irgendwie attraktiv ist. Recht verschlüsselt wird das wohl nicht sein.

Auf Deutsch könnte ein Verlan dann so aussehen:

> Du bist wie eine Meblu
> so hold und schön und rein;
> ich schau dich an und
> Mutweh schleicht mir ins Herz einhinein.

Nun könnten Sie sich auch kenden, womit sich das GOTAN-Project befasst.

Kann man eine Sprache *kritisieren?*

Eine eigenartige Frage. Trotzdem wurde sie schon öfter mit »ja« beantwortet. Sprachliche Entwicklungen wurden kritisiert oder gar Sprachstrukturen und Vorschläge gemacht zur Verbesserung, was ja wenigstens dem Klischee der konstruktiven Kritik entspricht.

In letzter Zeit hat der Tod des Genitivs große Aufmerksamkeit genossen. Er soll vom Dativ gefressen werden. Ob das so schlimm wäre? Sicher ist aber, dass das noch sehr lange dauern würde und wir uns zu Lebzeiten nicht sorgen müssten. Eine Konstruktion, die auf einem Feld des Genitivs wildert, ist *der Königin ihr Kind* – wie es im »Rumpelstilzchen« heißt, das ja mit den Brüdern Grimm nicht gerade von sprachlich Unbedarften aufgeschrieben wurde – statt *das Kind der Königin* oder gar *der Königin Kind*. Es sollen hier nicht die vielen Sprachen aufgezählt werden, die die inkriminierte Konstruktion kennen, aber doch eine kurze Charakteristik.

Der Dativ, um den es geht, wird auch possessiver Dativ genannt. Denn er drückt ein Besitzverhältnis aus: Das Kind gehört der Königin. Das ist wohl etwas brutal formuliert, wie Grammatiker eben sind. Besser ist da oft ein plastisches Fremdwort, das man mit Leben füllen kann. Der schlimme Dativ ist hier Ausdruck des inalienablen Besitzes: Das Kind gehört unveräußerlich zur Königin. Wenn man es so ansieht, erkennt man auch, dass damit Empathie ausgedrückt wird. Das kann der Genitiv nicht. (Darob muss man ihn nicht gleich fressen.) Inalienabel sind die eigenen Körperteile: *der Anja ihre Augen* und so Gefasstes: *dem Jan seine Frisur*. Man wird nicht befürchten müssen, dass die Konstruktion ihr Feld auswildert. Es gibt sie schon ewig und sie ist gleich geblieben. So kommen einem heute noch die Tränen, wenn man den althochdeutschen Pferdesegen liest:

> Phol ende Uuodan vuorun zi holza.
> du uuart demo Balderes volon sin vuoz birenkit.
> Also, da wurde dem armen Fohlen sein Fuß verrenkt.

Zurück zur Form von Sprachkritik, in der eine Sprache kritisiert werden soll. Das berühmteste einschlägige Buch ist das von Gustav Wustmann über Sprachdummheiten, das seinerzeit Furore machte. Erschienen ist das Opus Ende des 19. Jahrhunderts und hat mehr als 13 Auflagen erlebt.

Jetzt noch bekommt man es gebraucht mit Bemerkungen des Nutzers und gar als Book on Demand. Und das alles, obwohl Wustmann selbst schon 1903 klagte: »Mein Buch hat zwar großen äußeren Erfolg gehabt, aber doch eigentlich wenig genützt.« Da ist man doch gespannt, was der Sprachpfleger so auf dem Kieker hatte und woran er gescheitert ist. Vielleicht ein paar originale (originelle?) Kostproben:

> Jeden Zwanges oder jedes Zwanges?
> Zu den unbehaglichsten Kapiteln der deutschen Grammatik gehört die Deklination zweier miteinander verbundner Nomina, eines Substantivs und eines Adjektivs. Heißt es: jeden Zwanges oder jedes Zwanges? […] So unwichtig die Sache manchem vielleicht scheint, so viel Verdruß oder Heiterkeit (je nachdem) bereitet sie dem Fremden, der Deutsch lernen möchte, und so beschämend ist es für uns Deutsche selbst, wenn wir dem Fremden sagen müssen: Wir wissen selber nicht […]. Mit einigem guten Willen ist aber doch vielleicht zu ein paar klaren und festen Regeln zu gelangen. […]
> Falsch ist: die Abwehr jeden Zwanges; richtig ist nur: die Abwehr jedes Zwanges oder eines jeden Zwanges.
> (Gustav Wustmann: Allerhand Sprachdummheiten 1911, Seite 25)

Etwas belangvoller ist schon:

> Eine deutsche Mutter sollte sich schämen, ihr Kind Baby zu nennen.
> (Gustav Wustmann: Allerhand Sprachdummheiten 1911, Seite 439)

Da würden Sie gewiss denken, das sei aus einer anderen Zeit. Aber die argumentative Grundlage finden Sie heute genauso.

Und da sind dann noch die Dauerbrenner, bei denen sich eben zeigt, dass nicht einfach eines richtig und das andre falsch ist:

> Andern, andren oder anderen?
> Wir Deutsche oder wir Deutschen? Größtmöglichst?
> Derselbe oder der Gleiche?

Ich bin gestanden oder ich habe gestanden?
Speisenkarte oder Speisekarte?
Eine Menge Leute war oder waren?

Wenn wundert es, wenn Karl Kraus – ein kluger Sprachkritiker – von ihm sagt: »Der Wustmann ist ein überaus gewissenhafter Grammatiker, der ›Allerhand Sprachdummheiten‹ gesammelt hat, unter denen es ihm auch gelungen ist, seine eigenen unterzubringen.«

Aber zurück zu unserer Ausgangsfrage. Eine Sprache wird hier gar nicht kritisiert. Denn die deutsche Sprache kennt ja beide Konstruktionen, und zwar schon ewig. Was hier kritisiert werden soll, ist der Gebrauch, den Sprecher und Sprecherinnen von ihr machen. Der Kritiker und die Kritikerin meinen, wir und ich sollten einfach anders reden. Da aber hat mir, wenigstens mir und auch Ihnen, keiner was zu sagen. Und auf jeden Fall nicht ohne gute Argumente.

Aber natürlich können auch wir immer noch lernen, könnten echt besser reden und schreiben.

Was wäre **die beste Sprache?** – Für Sie!

»Ce qui n'est pas clair, n'est pas français.« Alles klar? »Was nicht klar ist, ist nicht Französisch.« Gemeint ist hier die Sprache, wie Sie an der Großschreibung sehen. Was würden Sie dazu sagen, wenn Sie Franzose wären? Vielleicht hätten Sie Angst, wenn Sie den Satz als Forderung verstehen. Dann müssten Sie sich ganz schön anstrengen, um jede Unklarheit zu vermeiden. Vielleicht würden Sie aber denken: O. k., wenn ich etwas auf Französisch sage, dann ist es klar. Die Sprache sorgt für mich. Wenn Sie nun aber Deutsche sind und kein Französisch sprechen, dann werden Sie es bedauern. So ein Franzose wird stolz den Kopf heben und Sie werden ihn beneiden.

Wahrscheinlich war jener berühmte Satz gerade dazu gedacht, als Rivarol ihn 1784 in der Beantwortung der hybriden Preisfrage nach der

Universalität der französischen Sprache prägte. Auf jeden Fall war der Satz auch politisch begründet. Denn in jener Zeit war ja Frankreich eine europäische Weltmacht. Aus solchen Gründen war er lange Zeit für viele Einheimische angenehm und noch 2007 politisch brauchbar. So geht es manch einem noch heute runter wie Öl, wenn Sarkozy in einer Rede in Caen übersetzt in etwa sagte: »Frankreich ist eine Sprache, eine Sprache, die es allen Menschen zur Verfügung stellt. Das Französische, sagte Rivarol, ist nicht einfach die französische Sprache, es ist die Sprache der Menschheit.« Ist er damit nur gescheitert beim Versuch, ein lehrreiches Beispiel für die Klarheit zu liefern? Oder ging es um die Wandelbarkeit solcher Sprüche und wie man sie vor den eigenen Karren spannt?

Gab es nun auch eine triftige Begründung für Rivarols Behauptung? Die Begründung finde sich in der Logik. Denn der Satz zielte nicht einfach auf die sprachliche Äußerung, sondern auf das Denken dahinter. Seit dem 17. Jahrhundert mühten sich klerikale Philosophen um die rationale Grammatik, eben jene, die unsere Denkleistungen am besten zum Ausdruck bringe.

Ausgerechnet das Französische drücke die natürliche Ordnung der Gedanken aus. Die Logik zeigt uns seit Aristoteles – mindestens –, wie ein Satz aufgebaut ist: Zuerst kommt etwas, worüber etwas gesagt wird (das Subjekt), und dann, was darüber gesagt wird (das Prädikat). Und, oh Wunder, das Französische folgt exakt diesem Muster. Es ist eine SVO-Sprache mit der normalen Wortfolge Subjekt – Prädikat – Objekt, *cum granibus salis*.

Was die Logik betrifft, ist das allerdings Schnee von gestern. Schon erstaunlich, dass selbst der härteste Felsgrund unseres Denkens wandelbar ist. Seit der Formalisierung der Logik schaut die Normalform der Aussage eher so aus: R(x, y). Also zuerst das Prädikat R. Da wären dann die adäquatesten Sprachen VSO-Sprachen, die es tatsächlich gibt. Zum Beispiel Sprachen wie die Sprache der Osterinseln und Hdi im Norden Kameruns oder keltische Sprachen wie das Walisische:

Gwelodd	*y*	*dyn*	*fi.*
seh_PRÄT_3sg	ART_def	N	P_PRON_1sg
Sah	*der*	*Mann*	*mich.*

Unangenehm vielleicht, dass sie so weit weg sind von uns oder nie zur Weltgeltung kamen. Das Deutsche würde hier auch nicht so gut abschneiden. Es ist nämlich eine SOV-Sprache, was Sie vielleicht überraschen wird. Das hängt aber damit zusammen, dass [die Grundform des deutschen Satzes]S nachweislich [die Nebensatzstellung]O [ist]V – für die Sie hiermit ein Beispiel haben. Jedenfalls ist das Französische als SVO-Sprache in diesem Ranking auch nicht mehr ganz vorn.

Im Grunde sind aber derlei Zuordnungen übertrieben vereinfacht. Denn Sprachen mit bestimmten Grundordnungen nutzen in der Regel auch andere Wortfolgen. Sie nutzen Bewegung. Im Deutschen können Sie das locker erproben, etwa indem Sie einen normalen Aussagesatz zum Fragesatz machen: Wir freuen uns. Freuen wir uns?

Ziemlich verbreitet in den Sprachen der Welt ist, das Fokussierte, das Betonte nach vorn zu bringen. So macht es auch das

Walisische:

Gwan ydw i.
Gwen ydych chi.
›Gwan bin ich.‹
›Gwen bist du.‹

Ein schlechter Kandidat für eine Weltsprache wäre nach französischer Ideologie auch das Latein gewesen, das eine verhältnismäßig freie Wortfolge hat. Heutzutage sind Menschen in Frankreich vielleicht, aber linguistische Fachleute sicher nicht mehr so chauvinistisch und parteilich für ihre eigene Sprache. Schon der Begründer der modernen Linguistik de Saussure, ein Schweizer zwar, aber immerhin frankophon, erklärte jede menschliche Sprache zu einem System *sui generis*. Alle Sprachen lösen die kommunikativen Probleme mehr oder weniger perfekt, alle gleich mehr oder weniger perfekt.

Eine ganze Reihe von Linguisten hat aber noch eine bessere Lösung entwickelt. Die Menschen denken nicht auf Deutsch, Englisch, Chinesisch oder Apache. Sie denken in einer Gedankensprache, dem Mentalesischen, wie es apart heißt. Da spielen Kleinigkeiten wie die Wortfolge keine Rolle. Diese moderne mentalesische Linguistik ist nun vorsichtiger: Sie sagt uns nicht, wie das Mentalesische aussieht. Der größte Vorteil dieses Ideologems: Man muss mentalesisch gar nicht lernen. Es ist uns angeboren. Und allen dasselbe?

Leider müssen wir anschließend doch noch etwas lernen, das Kommunizieren nämlich. Aber auch das ist einfach: Wir übersetzen einfach Mentalesisch ins Deutsche zum Beispiel oder ins Englische. Leider – oder Gott sei Dank – sind wir dann doch davon abhängig, wo hinein wir geboren werden: unsere Muttersprache. Also, die beste Sprache für Sie ist Ihre Muttersprache.

Kann eine Sprache **schön** sein?

Ja, das kann sie offenbar. Fragt sich nur, in welchem Sinn und für wen? Jeder Mensch sollte seine eigene Sprache für die schönste halten, kann man doch hoffen. Menschen gehen sogar weiter, wie eine Studie im zweisprachigen Kanada gezeigt hat: Menschen, die unsere eigene Sprache sprechen, halten wir für intelligenter, für freundlicher, sogar für hübscher. Ja, und so ist auch üblich, Sprachen zu bewerten:

Arabisch rau und kehlig.
Italienisch klingt so toll.
Und Französisch ist sexy.

Aber jede Bewertung braucht eine Bewertungsbasis, Kriterien. Für Arabischsprecher werden ihre Äußerungen eher normal klingen. Für uns mögen die Vokale wichtig sein. Vielleicht, weil man sie so schön singen kann. Und daraus zieht wohl auch das Italienische seinen Wert. All die schönen Opern und die schmalzigen Gesänge. Beim Französischen könnte man sich denken, dass die Assoziationen anderswo herkommen. Doch richtig nach Sex klingt es nicht.

Solcherlei Ansichten gehen auch mehr ins Detail und nach Beliebtheit. Im engeren Umfeld, zum Beispiel bei der eigenen Sprache, gibt es natürlich engeren, auch persönlichen Kontakt und entsprechend mehr Assoziationen. Sächsisch ist der am wenigsten geschätzte deutsche Dialekt. Berlinerisch und Kölsch kommen da etwas besser weg. Bairisch ist der einsame

Spitzenreiter. Die Landschaft und Urlaub lassen grüßen. Aber auch Plattdeutsch steht nicht schlecht da. Man fragt sich, in welchem Sinn die Sprache schön sein soll. Geht es nicht eher darum, was man mit der Sprache verbindet? Oder auch, was man in ihr gehört oder gelesen hat?

Klar ist: Es gibt kein Bewertungskriterium für die Schönheit einer Sprache. Vielleicht ist es so wie in der Kunst. Erst einmal ist die Bewertung subjektiv und mit der Zeit wird sie weiter anerkannt. Aber Nörgler gibt es immer!

Vielleicht könnte man die Frage etwas kleiner halten und etwa von schönen Texten sprechen. Dann könnten literarische Kriterien greifen wie etwa Wohlklang und vielleicht der Gehalt. Aber auch da wird man kaum sprachübergreifende Kriterien angeben können.

So bleibt die Frage ein Tummelfeld für eine gewisse Schreibclique. Der Literat Rolf Schneider hat in der WELT vom 2. Oktober 1999 eine Liebeserklärung veröffentlicht mit dem Titel: Die Schönheit der deutschen Sprache. Da ist er nach allerlei Schlenkern dann aber doch zurückgerudert: »Die deutsche Sprache ist schön. Sie ist so schön wie irgendeines der genannten Idiome aus der Nachbarschaft, dem noch nie jemand die Schönheit hat bestreiten wollen.« Bliebe dann immer noch die Frage, warum die dann alle schön sind.

> »Die Schönheit des Hochfranzösischen korrespondiert der Schönheit französischer Barockgärten: Sie ist Resultat eines souveränen Willens, durchgesetzt wider die ursprüngliche Natur und versehen mit der Ästhetik der Regelhaftigkeit. Die Schönheit des Deutschen korrespondiert der Schönheit der englischen Parklandschaft, die dem Naturwüchsigen bereitwillig nachgibt und nur im Falle von Unkraut oder Verfall behutsam ordnend eingreift.«

Sie merken, da geht es nicht um erkennbare Eigenschaften einer Sprache und auch nicht um benannte Texte. Da belehrt uns eben ein Gebildeter mit Blabla. Aber Blabla kann auch schön sein. So können wir denn das tröstliche Fazit ziehen: Alle Sprachen sind schön und keine ist schöner als irgendeine andere.

Wie sähe eine *gute* **Rechtschreibung** aus?

Verführt uns das Wort »Rechtschreibung« zu der Annahme, sie sei fürs Schreiben da? Wir schreiben aber, um gelesen zu werden. Wir schreiben richtig und recht, damit wir besonders gut gelesen werden. Das ist ganz egoistisch und richtig so. Darum ist die beste Rechtschreibung die, die am besten zu lesen ist. Welche aber ist das? Wie sähe sie aus? (mit dem Konjunktiv als Anzeige für die Fiktionalität solcher Überlegungen).

Bestimmte Prinzipien oder Ratschläge spielen immer schon eine Rolle für die Schreibung. Und wie es eine historische Praxis so an sich hat: Sie ergibt kein konsistentes System.

Schreib, wie du sprichst.

Das führte zum individuellen Chaos. Niemand will das lesen. Es wird doch regional und individuell unterschiedlich gesprochen. Wenn nun aber Goethe über *Italiäner* schrieb, so hat das einen gewissen Charme. Zum einen könnte man hören, wie Goethe hessisch sprach, zum anderen könnte man sehen, dass die Herkunftsbezeichnung eigentlich von *Italia* genommen war.

Schreib dasselbe Wort immer gleich.

Das ist wahrnehmungsfreundlich, kann aber dem ersten Prinzip widersprechen. Jedenfalls tun wir es immer schon. In der neuen Rechtschreibung sogar verbessert: statt *Prozesse, Prozeß* jetzt *Prozesse, Prozess.*

Schreib zwei Wörter unterschiedlich.

Dies scheint trivial, gemeint aber sind sogenannte Homophone, also zwei Wörter, die nur gleich lauten. Das tun wir schon in Maßen: *Leib* vs. *Laib, Weise* vs. *Waise, Stil* vs. *Stiel, Seite* vs. *Saite, Miene* vs. *Mine.* Das Hauptproblem hier: Was sind zwei Wörter? Was wäre mit *Schloss,* mit *Stift* usw. Ginge das überhaupt konsequent?

Vielleicht noch ein Prinzip, das in vielen Rechtschreibungen eine Rolle spielt:

Schreib so, dass du Herkunft und Geschichte zeigst.

Zum Beispiel historisierende Schreibungen wie die verrückten im Englischen: *women, dough, martial* und so weiter. Beim Reformieren kann das schon mal in die Hose gehen wie etwa *Quäntchen* für *Quentchen,* weil jemand meinte, wir meinten, es käme von *Quantum.* Oder *durchbläuen* für *durchbleuen,* weil man da den Erfolg der Aktion sieht.

All dies ist teilweise in der deutschen Rechtschreibung schon hinterlegt. Selbst kann man es gar nicht machen. Es ist für das Individuum vorgegeben.

Schreib, wie du es gewohnt bist.

Aber nicht mit allen Fehlern, bitte. Der Rat klingt trivial. Schreibung ist immer konservativ. Hinkt oft nach und sie muss nachhinken, weil wir Gewohntes eben besser wahrnehmen. Und so könnte man auch die konservierende Kritik an der Rechtschreibreform verstehen. Das Gewohnte ist das A und O des leichten und schnellen Lesens.

Eine alte Vorstellung war (und ist?), dass es bei der Rechtschreibung darum ginge, das Gesprochene umzusetzen in Schrift. So könnte man sich das folgende einfache Rezept zur Konstruktion einer Rechtschreibung vorstellen:

Man nehme für jeden Laut einen Buchstaben und gebe ihn so in der Schrift wieder.

Wir wollen sehen, auf welche Schwierigkeiten das stößt und wie es zu verfeinern wäre. Zuerst haben wir es hier zu tun mit der Verwaltung des Mangels. Eine Sprache hat im Allgemeinen zwischen 35 und 45 Laute, linguistischer und präziser Phoneme. Übliche Alphabetschriften haben so 26 Buchstaben, linguistischer Grapheme. Wie sollte da eine Eins-zu-eins-Abbildung gelingen?

Das Problem wird gewöhnlich so gelöst: Man verwendet Buchstabenfolgen für manche Laute. Im Deutschen etwa /sch/ für [ʃ]. Das ist sehr unelegant. Man muss drei Buchstaben lesen für einen Laut. Viel Aufwand. Jeder verwendete Buchstabe hat dabei mehrere Funktionen. Ich muss erkennen: Ist es ein echtes /s/ oder nur eins in einer Verbindung? Auch das kostet mentalen Aufwand, der wohl etwas verringert wird, weil wir nicht Buchstabe für Buchstabe lesen, sondern Wortbilder wahrnehmen.

Weiteres Hilfsmittel: Man verwendet diakritische Zeichen. So wird im Französischen ein stummes oder gemurmeltes [e] in der Regel mit /e/ geschrieben, ein ausführliches und geschlossenes als /é/ mit Akzent. Außerdem ein entsprechendes offenes [e] mit Accent grave, eben als /è/. Damit wird das Prinzip aufgegeben, dass ein Buchstabe ein einfaches elementares Zeichen ist ohne innere funktionale Struktur. Denn diese neuen Buchstaben bestehen aus zwei bedeutsamen Elementen.

In der anderen Richtung ist das Eins-zu-eins-Prinzip ebenso schwer zu befolgen. So finden wir etwa im Deutschen für das [k] wenigstens drei Realisierungen: *Betrug, Ochse, Boxer*. Und als vierte eben *klar*. Ja, und dann noch /q/. Das wäre allerdings ein interessanter Sonderfall. Wir schreiben ja stets /qu/, ein /q/ allein kommt im Deutschen wohl nicht vor. Aber ein [ku] ist es auch nicht, im Normalfall eher ein [kv]. So machen es die Schweden *konsekvent*.

Für die Schwierigkeiten der deutschen Rechtschreibung lohnt sich der Blick in die schulischen Curricula und den Raum, den die Themen da einnehmen. Die Renner sind Kürzung und Dehnung, Zusammen- und Getrenntschreibung. Die Frage bleibt: Wieso?

Chinesische Kinder brauchen noch viel länger, bis sie schreiben können. Und die Schreibprodukte sind viel kürzer. Darum können Chinesen bestimmt viel schneller lesen.

Sollten Sie noch rätseln, was es mit unserem Eingangsfischlein auf sich hat: Dieses ulkige Wort könnte man mit Sampeln englischer Rechtschreibung begründen. Ich habe sie im Text versteckt.

Bei manchen fängt das Schreibproblem aber schon an, wenn sie im Netz danach suchen.

rechtsschreibung rechtschriebung
rekhtskhreibung rechtzchreibung
rechstchreibung rehctshcreibung
rechtshcreibung reechtschreeibung
rechtschreiibung rechtschreibuung
rrechtschrreibung rechttschreibung
rechtschreibungg rechhtschhreibung
rechtschreibbung rechtschreibunng
rechtschreibumg rechtschreibnug

Dies nur ein paar
wegen Ansteckgefahr!

Was hat es mit *Unterbrechen* auf sich?

Kommunikativ ist der Wechsel zwischen den beteiligten Personen ganz gut geregelt. Gewechselt werden kann nicht nur, wenn jemand mit einem Satz fertig ist. Vielmehr gibt es eine kooperative Regelung, die wir gut beherrschen und eher unbewusst einhalten. Wenn eine dran ist, sagt man, hat sie ihren »Turn«. Im Turn gibt es Stellen, an denen andere einspringen können, ja sogar zum Einspringen eingeladen werden.

Für die Turn-Zuteilung gibt es verschiedene Möglichkeiten. Einige hier bei drei Beteiligten A, B, C. Wir stellen die Sprechphasen mit dicken Linien dar:

Glatter Turn-Wechsel

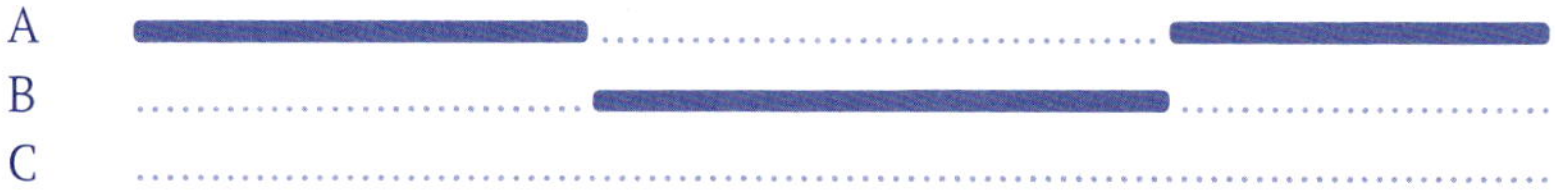

A

B

C

Synchrones Sprechen

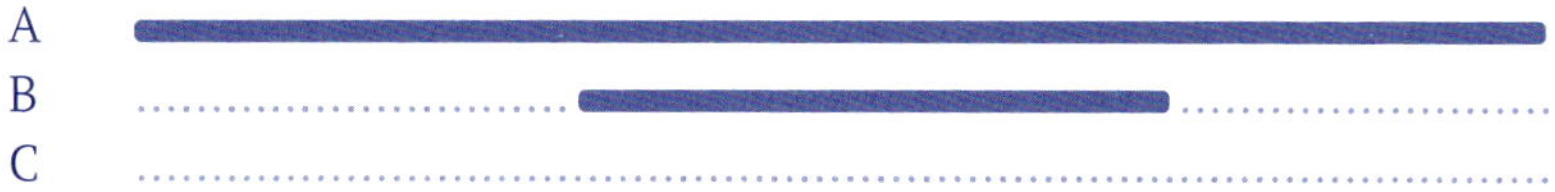

A

B

C

Dies muss nicht immer eine Unterbrechung sein. Unterbrechen ist ein signifikanter Akt, der beispielsweise voraussetzt, dass B nicht berechtigt war, dass A sich gestört fühlt usw. Ein objektives Kriterium fürs Unterbrechen gibt es nicht.

Frühstart

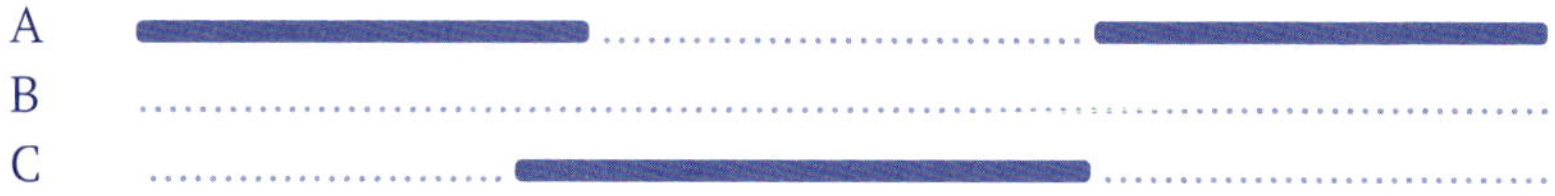

A

B

C

Ohne Behinderung

Fehlstart

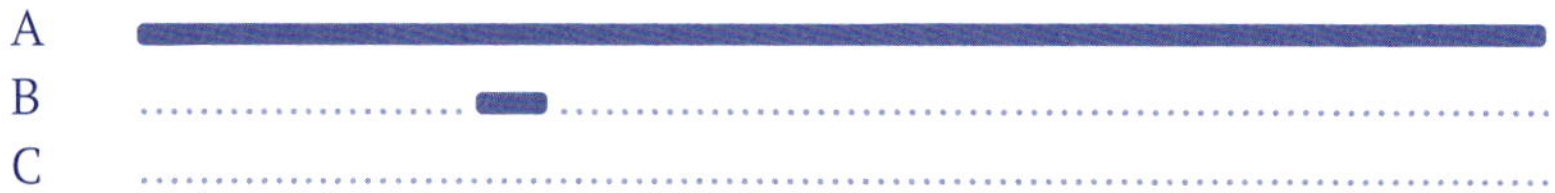

A

B

C

Aufgeben von B

Das mag schwieriger aussehen, als es ist. Aber es gibt sogar den Fall, dass synchron gesprochen wird, ohne dass es Probleme gibt. Man sagt, südamerikanische Indianerfrauen könnten das perfekt. Und bei uns? Achten Sie mal darauf.

Auf der anderen Seite hört man öfter – besonders in politischen Talkshows – die Rüge: Bitte unterbrechen Sie mich nicht. Das ist natürlich rein normativ. Die Idee ist: Man beruft sich im Wettstreit auf eine Norm und tut so, als sei sie sakrosankt. Damit glaubt man im Kommunikationsspiel zu gewinnen, zumindest normativ Orientierte auf seine Seite zu ziehen. Sogar im Gesprächstraining bekommen Sie den Tipp: Lassen Sie sich nicht unterbrechen. Sagen Sie einfach freundlich, aber laut und deutlich: »Lassen Sie mich das kurz noch zu Ende bringen« oder »Einen Satz bitte noch«.

Das ist natürlich sehr einseitig gesehen, so als seien einseitig nur Sie dran. Sie kommen aber auch in die andere Rolle. Sie sollen sich das alles anhören? Furchtbar!

Interkulturell gibt es interessante Unterschiede, was das Unterbrechen betrifft. Das mag so weit gehen, dass die einen etwas als Unterbrechung werten, was für die anderen noch lange keine ist. Und da zeigt sich auch wieder, dass das Turn-Taking ganz unterschiedliche Bedeutung haben kann. Schließlich auch bei uns. Im Spanischen etwa soll es in Gesprächen schnell mal hin- und hergehen. Alle geben ihren Senf dazu. Wenn du nicht mitmachst, denken die, du hast keine Ahnung oder dich interessiert das Ganze nicht.

Und vor allem, wenn jemand dran ist, lange redet und zwischendurch auch mal Falsches bringt, muss man da nicht reagieren? Kann man das sammeln und soll man sich's aufheben gar?

Unterbrechen gehört zur kommunikativen Freiheit. Wenn du gute Gründe hast, unterbrich ruhig! Wie gut deine Gründe sind, wird sich zeigen.

Nur, in normaler, guter Kommunikation bleibt, was jene unterbrechen nennen, unbemerkt, es kommt nicht vor. Unterbrechen können und sich unterbrechen lassen ist die hohe Kunst der Kommunikation.

Wenn es funktioniert, zeigt, dass die beiden sich verstehen, dass sie sich gegenseitig respektieren, wohlkoordiniert sind. Sich unterbrechen können ist der Gipfel des Verstehens. In diesem Zusammenhang wird aber auch eine andere Kommunikationsform interessant: Das Selbstgespräch. 96 %

der Menschen führen Selbstgespräche – heißt es. Aber ich doch nicht! Oder doch? Spricht nicht jeder schon mal laut, wenn niemand dabei ist? Ich rede mit meinem PC oder mit wem dahinter. Dies ist zwar lautes Reden, wenn keiner dabei ist, aber ein Selbstgespräch eher nicht. Man muss im Selbstgespräch irgendwie mit sich selbst reden. Zu sich selbst? Ja, wenn es guttut. Gemeint sind hier also nicht spontane Ausrufe, wenn Ihnen was misslungen ist: *Mist!, Oh Gott!, Scheiße!* Und so fort. Das gab's und gibt es immer schon. Wir können sie mehr als Symptom des Fehlschlags sehen. Sie sind aber wirklich kein Selbstgespräch. Nicht einmal ein Gespräch. Da braucht es schon ein bisschen mehr.

In Selbstgesprächen scheint man irgendwie zwei zu sein. Man spricht und hört. Ja, aber so ganz klar ist das nicht mit dem Gegenüber. Sieht man sich wirklich als Partner oder Partnerin? Braucht es das? Die würde man wohl duzen. Bestimmt, wenn man es selbst wäre. Die meisten scheinen sich aber zu ichzen. Da wird kein Partner irgendwie angesprochen. Unter den Duzenden sollte es sogar welche geben, die sich siezen! In manchem Fall und bei manchem Thema wäre das schon mal angebracht.

Selbstgespräch = lautes Denken, heißt es in der Psychologie und sonst öfter. Ein alter Hut. Es heißt auch, ältere Menschen, die oft allein sind, führen Selbstgespräche. Das ist der klassische Fall und eigentlich plausibel. Warum soll jemand, der oft allein ist, laut denken? Und besonders die? Es wäre doch für alle nützlich, wenn es hülfe. Dann auch noch die Frage: Warum sind uns Selbstgespräche eigentlich irgendwie peinlich? Darum?

Warum nun aber überhaupt Selbstgespräche? Jemand hat mal gesagt: Ich unterhalte mich gern mit einem intelligenten Menschen. Und ich? Ich unterhalte mich gern mit einem, der einfach Ja sagt.

Eines scheint jedenfalls klar: Wenn du mit dir selbst sprichst, wirst du wenigstens nicht unterbrochen.

Was nützen uns *Metaphern?*

Dieses Tiefdrucktriumvirat will uns in die Zange nehmen. Es schaltet den Sommer ab.
Und sie sehen im Westen von uns, da sind noch einige dichte Wolken unterwegs.
Hier steuert ein weiteres Tiefdruckgebiet auf uns zu. Das bekommen wir nicht direkt ab, aber die dazugehörigen Wolken, die das Tief uns schickt. Und da droht schon das nächste Tiefdruckgebiet, mit einer gehörigen Portion Regen im Gepäck.
Die zahlreichen Tiefdruckgebiete nähern sich in fröhlicher Folge. Die Sonne lässt sich nicht blicken.

Diese Fitzel aus Wetterberichten verursachen bei Ihnen keine Verständnisschwierigkeiten. Erst bei genauerem Hinsehen wird Ihnen auffallen: Hier gibt es viel uneigentliche oder übertragene Rede. Die Vorstellung dahinter ist nichts anderes als selbst eine solche Übertragung. Denn wie sollte man Sinn oder Bedeutung übertragen können? In welchem eigentlichen Sinn? Natürlich könnten Sie das alles auch anders formulieren. Aber was ginge da alles verloren. In dieser metaphorischen Redeweise werden die Wettererscheinungen irgendwie menschenähnlich – und das könnte die Sache spannender machen.

Eine Metapher ist ein metaphorisch verwendeter Ausdruck – so eine sinnvolle Redeweise. Eine Art Standarderklärung von Metaphern läuft so: In Sätzen wie oben gibt es metaphorisch verwendete Ausdrücke, etwa dass ein Tiefdruckgebiet etwas im Gepäck haben könnte – ganz wie ein Mensch – oder dass Tiefdruckgebiete uns in die Zange nehmen. Beim letzten haben wir es vielleicht mit einer doppelten Metapher zu tun. Wenn etwa Fußballer den Gegner in die Zange nehmen, tun sie das ja nicht wörtlich. Und hier werden dann Tiefdruckgebiete wie Menschen, etwa Fußballer, dargestellt.

Die Art Verwendung sei eben nicht wörtlich und stehe deshalb auch nicht im Wörterbuch. Dieses Kriterium allein taugt aber nicht für die Abgrenzung des metaphorischen Gebrauchs. Denn *in die Zange nehmen* könnte schon drinstehen, etwa als Redensart oder Idiom. Auch bei anderen Wörtern reicht das Kriterium nicht. Denn *Wolkenkratzer* wird bestimmt im Wörterbuch stehen und mit der metaphorischen Bedeutung als wörtliche. Es handele sich eben um eine etablierte Metapher. Also ganz einfach ist es mit der Definition nicht.

Wichtige Fragen für Metaphern bleiben,

- wie sie zu identifizieren sind und
- wie sie zu verstehen sind.

Wenn davon die Rede ist, ein Tiefdruckgebiet habe etwas im Gepäck, bemerken wir irgendwie eine Art von Abweichung oder Unverträglichkeit. Sollte das der Anlass sein, den Satz metaphorisch zu verstehen, kämen aber beide Teile für eine metaphorische Verwendung infrage. Mir scheint, wir entscheiden uns für das Gepäck, weil es üblich ist, allerhand metaphorisch mit menschlichen Zügen zu versehen.

Das Spiel zwischen dem Eigentlichen und dem Uneigentlichen ist das Spiel zwischen Bedeutung und Sinn. Es spielt sich ab im Verstehen. Dabei spielen die verschiedenen Partien des Wissens unterschiedliche Rollen. Sie führen zum Verstehen des Uneigentlichen. Hier gibt es ausgetretene Wege und verschlungene Pfade, die nur wenige kennen oder erkennen und jeder für sich. Hier ein paar ausgetretene Wege:

Ironie Wer etwas ironisch versteht, nimmt es als Gegenteil dessen, was vordergründig gesagt wird. Die Ironie geht davon aus, dass der Partner nach dem gemeinsamen Wissen es unmöglich wörtlich gemeint haben kann. Die Deutung über das Gegenteil bietet einen sicheren Weg.

Bei der **Übertreibung und Untertreibung** denken wir uns bestimmte Ausdrücke in einer aufsteigenden Skala geordnet, etwa <*keine, einige, nicht alle, viele, die meisten, alle*>. Bei der Übertreibung justieren wir unser Verständnis weiter links, bei der Untertreibung weiter rechts.

Dabei ist erst einmal egal, ob das Verständnis intendiert war oder nicht. Wenn wir aber von nichtintendiert ausgehen, dann schreiben wir es der Person zu, die es geäußert hat – als großsprecherisch oder bescheiden.

Einen richtig ausgetretenen Weg haben wir bei der Vermenschlichung gesehen, weitere sind:

Produzent > Produkt:	Martini trinke ich selten.
Autor > Werk:	Hast du Rilke gelesen?
Teil > Ganzes:	ein kluger Kopf
Gebäude, Ort > Institution:	Berlin äußert sich hierzu nicht.
Gefäß > Inhalt:	Nehmen Sie noch ein Gläschen?

Wenn wir es mit einem weniger ausgetretenen Weg zu tun haben, brauchen wir mehr Kreativität. Hier haben wir als einzigen allgemeinen Hinweis: Ähnlichkeit. Das Verstehen einer Metapher ist das Sehen des Ähnlichen im Unähnlichen. Hierbei kann uns die je einzelne Bedeutung im weiten Sinne leiten.

Wie gesagt, meist kennen wir schon Vorbilder, Präzedenzen für das Verstehen und etablierte Beispiele metaphorischer Rede. Bin ich einen Weg einmal erfolgreich gegangen, dann werde ich ihn wieder wählen. So entstehen auch gemeinsame metaphorische Netze oder metaphorische Modelle wie: »Geld ist Flüssigkeit.« Nach dem Flüssigkeitsmodell sind dann Aussagen gestrickt wie

Hier müssen erhebliche Mittel fließen.
Bist du flüssig? Kannst du mir was leihen?

Auch die Tierwelt ist brauchbare Quelle für Metaphern, etwa wenn der Spiegel wiedergibt, was jemand gesagt hat. Da können Sie dann schon mal finden: *X brummte, es sei …, A zischte, es sei …, Z knurrte, fauchte und meckerte, …*

Ganz verbreitet sind Containermodelle, etwa: »Der Mensch ist ein Container«, nach dem wir Menschen voller Hoffnung, voller Zuversicht und Optimismus sein können, auch voller Ideen und Tatendrang, voller Saft, Kraft und Energie, voller Witz und Ironie.

Und was Berlin alles macht. Sie können sich denken, wer jeweils gemeint ist?

Berlin sagt guten Morgen!
Berlin soll seine Schulden zurückzahlen.
Von dem Deal zwischen Ankara und Berlin weiß man wenig.
Berlins Antwort lässt nicht auf sich warten.

Es sollte für metaphorische Rede stets reflektiert werden:

- Was gebiert die Metapher? Was wird nahegelegt?
- Worin liegt das Erhellende, die Fruchtbarkeit der Metaphorik?

Viren werden metaphorisch verlebendigt. So ein Virus kann

angreifen und überspringen,
einen erwischen, befallen, ausbrechen und um sich greifen,
Nervenzellen erobern und Schaden zufügen.
Schleicht sich gar in die Schlafzimmer ein.

Diese Fassung kann fruchtbar werden, weil sie die Gefahr betont und unseren Kampf gegen das Virus bestimmen kann. Da kann auch weiterhelfen:

Das Virus ist unberechenbar. Besonders, weil es mutieren kann.
Passt sich schnell an und muss mit neuen Methoden ausgetrickst werden.

Defätisten meinen gar, das Virus sei nicht zu stoppen.

Kampf ist eine Metaphernquelle, die reichlich fließt. Frage, ob sie auch immer fruchtbar ist. Gewisse Zweifel kann man da hegen, wenn Diskussionen durch die Kampfbrille gesehen werden. Im Tross dann die Wortgefechte und der ein oder andere Schlagabtausch.

Auch hier ist zu fragen:

- Wie weit trägt das? Wie fruchtbar ist es?
- Leitet die Metapher in die Irre?

Ganz heikel könnte es werden, wenn Wissenschaft als Konkurrenzkampf dargestellt wird. Wenn ich jemandem einen Denkfehler nachweise, ist das doch eher ein kollegialer Service. Im Kampf sollte eine Partei gewinnen und die gegnerische dann verlieren. In der Wissenschaft aber gewinnen auch beide. Es ist nämlich generell Kooperation. Auch wenn es persönlich schon mal anders erlebt wird, meistens weil man sich schämt.

Das metaphorische Verständnis bleibt offen, ist nicht fix. Es kann auch nicht durch eine Paraphrase gegeben werden. Das wäre bestenfalls eine Krücke. Warum sonst würden wir die metaphorische Redeweise wählen, sie dem Partner zumuten? Wir wollen etwas anderes zu verstehen geben.

Darum gibt es für das Interpretieren von Metaphern auch andere Wege. Zum Beispiel die Frage: Was fällt Ihnen ein bei Oldtimer? Was würde davon auf Menschen passen? Was in eine Bekanntschaftsannonce?

Wenn Metaphern eine klare Bedeutung hätten, dann bräuchten wir sie nicht. Sie sind keine kommunikative Belästigung, sondern attraktiv und erhellend. Darum sind sie auch poetisch so gefragt. Zum Schluss noch als Anregung etwas kreative Metaphorik in einer Heiratsannonce.

Gut erhaltener Weihnachtsbaum, 60 Kerzen, etwas weniger Nadeln, sucht glitzerndes, leuchtendes Lametta. Vielleicht leuchten wir gemeinsam!

Ironie – Wozu denn?

Vor einiger Zeit hat ein alter Promi gesagt: »Hitler war ein feiner Kerl.« Darauf ging eine milde Empörung durch die Presse. Seine Aussage wurde wörtlich, für bare Münze genommen, vielleicht weil der Promi in jener Zeit schon lebte, vielleicht weil man da einen schönen Aufhänger hatte, vielleicht aber auch weil man ihn für alt und gaga hielt. Interessant ist, dass man ihn einerseits ernst, andererseits auch wieder nicht ernst nahm. Würden Sie so was äußern, würden die meisten – hoffentlich – sagen, es sei nicht so gemeint gewesen. Jeder wisse doch, was es mit Hitler auf sich hatte.

Wenn also eine Äußerung offenkundig verstößt gegen das, was für wahr gehalten wird, dann nehmen wir an, es sei etwas anderes gemeint, als gesagt wird. Damit wissen wir aber noch nicht, was gemeint war.

Ironie ist ein Musterbeispiel dafür, dass etwas anderes gemeint ist, als was gesagt wurde. Nach der klassischen rhetorischen Definition der Ironie ist in ironischer Rede das Gegenteil von dem gemeint, was gesagt wurde. Das ist für mich nicht alles, macht das Verstehen aber einfacher und wir können davon ausgehen, dass in unserem Eingangsbeispiel im ironischen Verständnis gemeint war, Hitler sei eben kein feiner Kerl gewesen, dass es aber vielleicht welche gibt, die das meinen könnten. Und vielleicht eine Art Vorführung.

Genereller soll für Ironie gelten:

Es wird etwas anderes gemeint als gesagt.
Es wird das Gegenteil gemeint von dem, was gesagt wird.

Selbstverständlich gibt es kein universales Wissen. In ironischer Rede baut A darauf, dass dem Gegenüber klar ist, dass A das Einschlägige nicht glaubt. Darum spielt, wer ironisch redet, auch damit, wie das Gegenüber ihn einschätzt, was es von ihm hält. Ironische Redeweise ist in diesem Sinn riskant, aber sozial und befriedigend, wenn sie klappt.

Einfacher ist der Fall, in dem A annehmen kann, der Partner oder die Partnerin erkenne in der gemeinsamen Kommunikationssituation, dass A etwas Bestimmtes weiß oder nicht glaubt, etwa wenn jemand in einer Situation, wo beide sehen, dass es stürmt und schneit, sagt:

Schönes Wetter draußen.

Feiglinge verwenden Ironiesignale wie Augenzwinkern und dergleichen oder sie antworten auf Nachfrage »Ich hab das nicht ernst gemeint«. Damit aber ginge gerade das Prickelnde der Ironie verloren, wenigstens etwas davon. Denn Ironie scheint noch einen anderen kommunikativen Sinn zu haben. Wir kommen ihm auf die Spur, wenn wir berücksichtigen, dass ironische Rede oft kritisch gedacht ist. Indem man Kritik nicht so direkt vorbringt, macht man sie sanfter, bringt etwas Luft, etwas Distanz hinein. Ironische Kritik hat etwas Paradoxes an sich wie wohl Ironie generell: Man sagt es, man sagt es aber auch nicht. Deshalb sollte man Kindern gegenüber nicht so oft ironisch sein. Es macht sie unsicher und hilflos.

Riskant kann Ironie besonders in totalitären Systemen werden und wurde es historisch auch. Aber auch bei uns in öffentlicher Kommunikation und in herrschender Meinung kann es gefährlich werden. Vor allem, weil die Beherrschenden sich auf Wörtlichkeit berufen können und berufen. Das müssen wahre Ironiker aushalten.

Prinzipiell fordert Ironie mehr Verstehensaufwand und ist auch deshalb riskant. Auch wenn man an die klassische Definition glaubt, dass ironisch das Gegenteil des Gesagten gemeint wäre, weiß man noch nicht, dass es sich um Ironie handelt. Alles bleibt in der Schwebe. Und vor allem, wäre einfach das Gegenteil gemeint, könnten wir uns Ironie sparen. Ironische Redeweise hat ein Plus, das es erst zu verstehen gilt. Von Fall zu Fall verschieden. Wahre Ironiker geben keine Ironiesignale. Sie führen etwas vor, so wie Zitate, die sie nicht auszeichnen. Ein solcher war Heinrich Heine zum Beispiel in seinem Gedicht »Ein Fräulein stand am Meere«:

Das Fräulein stand am Meere
Und seufzte lang und bang,
Es rührte sie so sehre
Der Sonnenuntergang.

Mein Fräulein! Sein Sie munter,
Das ist ein altes Stück;
Hier vorne geht sie unter
Und kehrt von hinten zurück.

Hier wird virtuos eine dichterische Technik vorgeführt und ein eingängiger Ohrwurm. Durch den Abschwung am Schluss könnten wir erkennen, dass auch wir vorgeführt wurden und vielleicht etwas Kitsch genossen haben. Der Witz aber ist das Schillern: Wir dürfen mitgenießen oder mittrauern, dann aber werden wir in Distanz genommen und sehen, dass es gemacht ist. Wahre Ironiker können auch Kitsch genießen – aus der Distanz.

Wie *gefährlich* ist *Höflichkeit?*

Höflichkeit ist eine Zier … Doch es geht auch ohne ihr. Ist das nicht eher eine zynische Weisheit?

Höflichkeit ist Öl im Getriebe des menschlichen Zusammenlebens. Ohne Zweifel ist das Zusammenleben angenehmer, wenn es höflich hergeht. Jemand ist höflich, wenn er höflich handelt. Höflichkeit ist eine Sache des Tuns, nicht des Seins. Was dabei im Einzelnen als höflich gilt, ist ein anderes Problem. So mag es in anderen Kulturen ganz anders gehen, höflich zu sein. Ja, schon innerhalb unserer Kultur muss die Höflichkeit verstanden werden. Echte Höflichkeit ist zweiseitig. Das Grundprinzip ist gegenseitige Rücksichtnahme. Es heißt: »Do ut des.« Ich gebe, damit auch du gibst.

Höflichkeit spielt natürlich in der Kommunikation ihre Rolle. Gemeinhin wird Höflichkeit als einer besonderen Anstrengung bedürftig gesehen. Sprachlich und kommunikativ geht es besonders darum, ein bisschen mehr zu tun, als der Normalfall und kommunikative Maximen verlangen würden: Ein Wörtchen mehr, etwas stilistisch Gehobenes, eine schwierigere, komplexere, seltenere Form (Konjunktiv II etwa), ein indirekter Sprechakt.

Etwas genauer betrachtet geht es darum, das Gesicht oder auch das Selbstbild des Gegenübers zu wahren. Das Selbstbild wird in jeder Gesprächssituation entweder bestätigt oder bedroht.

Bei einer Art, bei der schonenden Höflichkeit, geht es darum, dem Gegenüber seine Handlungsmöglichkeiten nicht zu beschneiden. Es ist eine defensive Art der Höflichkeit, dem anderen nicht zu nahe zu treten. Darum werden etwa Aufforderungen abgemildert, oft eher indirekt ausgesprochen: einleitende Entschuldigungen, Heckenausdrücke wie »vielleicht«, »eventuell« oder Passivstrukturen.

Ein Beispiel hierfür wäre: »Entschuldigen Sie, könnten Sie bitte das Fenster öffnen?« Um dieses Ziel zu erreichen, kann man noch milder sagen: »Es ist aber sehr kalt hier«, ohne dass sich ein Gegenüber angesprochen fühlen muss. Die Sprecherabsicht wird nicht offenkundig gemacht und muss erschlossen werden.

Bei der zweiten Art, der hebenden Höflichkeit, geht es eher um Bauchpinseln. Vor allem geht es darum, Gemeinsamkeit und Nähe zu betonen. Dazu sind auch Komplimente von Nutzen.

Höflich sein heißt eigentlich immer: etwas mehr als normal tun. Hier kriegt man es zu tun mit Paul Watzlawicks »Mehr desselben«. Wie soll man dosieren? Je höflicher die Leute, umso mehr wird der Standard gehoben, umso mehr braucht es. So hat das Prinzip fatale Folgen: Höflichkeit verbraucht sich. Es kommt zum Schwächeln höflicher Ausdrücke. Höfliche Ausdrücke nutzen sich ab. Im Mittelalter war die Anrede *frouwe* hochgestellten Personen vorbehalten. In der Normalisierung verlor sich der Höflichkeitsaspekt. Jede Steigerung hat die Chance, zum Normalfall zu verkommen.

Höflichkeit lebt also vom Besonderen. Um besonders zu sein, braucht es das Normale. Die Idee, Siezen sei besonders höflich und das *Sie* sei ein Höflichkeitspronomen, liegt ziemlich daneben. Siezen ist unter den entsprechenden Gebrauchsbedingungen der Normalfall und Duzen desgleichen. Wenn Sie plötzlich Ihre Mutter siezen, wird sie das nicht als besonders höflich empfinden. Und wenn ein Alter im Sportstudio von einer Jungen gesiezt wird, ist das gewiss kein Kompliment – sogar, wenn es als höflich gedacht ist.

Sich bedanken etwa ist der Normalfall. Sogar sich bedanken für etwas, das man bezahlt hat.

Höflichkeit wird schon mal verwechselt mit Etikette. Da könnte man sie leicht festmachen. Denn hier geht es um festgelegte und oft schwer begründbare Verhaltensregeln. Das Wort *Höflichkeit* kommt ja daher: wie es am edlen Hofe zuging. Dieser Art Etikette ist im Innersten elitär. Hier liegt die gegenseitige Rücksichtnahme nur darin, dass die Partner die Regeln berücksichtigen und genau befolgen. Etikette kann zum Zwang werden. Höflichkeit ist freiwillig.

Höfliches Reden kann man auch ironisch nutzen:

> Der kleine Knirps verliert grad seinen Euro.
> Die kleine Maus dabei schnappt sich die Münze und sagt:
> »Danke.«

Oder es kann einem zu denken geben, wenn es etwas unangebracht erscheint:

> Ich halte meiner Frau – wie immer? – die Tür auf.
> Und bekomme ein Danke. Is was? – denke ich.

Da können Eheleute sich ihre Gedanken machen. Eine stille Gemeinheit? Tut sie so, als täte ich es aus Höflichkeit oder normal nicht? Möchte sie sich ankratzen, versöhnen nach dem Krach von gestern?

Gibt es das *Unsagbare?*

Im »Wilhelm Meister« sagt Goethe von der Schauspielerin Melina, sie habe »ein ich weiß nicht was in ihrem Wesen«, das sie interessant mache. Damit bewegt er sich in einem europäischen Topos. Es ist das, was im Französischen und vielen romanischen Sprachen auf den Punkt gebracht wurde mit dem »je ne sais quoi«. Schon bei Cicero gab es das »nescio quid«, spätlateinisch »non sapio quid«, im Italienischen »non so che« und im Spanischen »no sé qué«.

Dieses »ich weiß nicht was« ist verbunden mit der Liebe, mit Gefühlen, mit Schönheit und Grazie, mit dem Übernatürlichen und dem Geheimnisvollen. Mit dem »je ne sais quoi« ist das Unbeschreibliche, das Unsagbare benannt, aber nicht gesagt, alles in einem Topf. Einen Kritiker hat schon früh die Inflation der *je ne sais quoi's* amüsiert: Das *je ne sais quoi* sei ein Ausdruck, den man allen Saucen zufüge und der nur die komplette Ignoranz ausdrücke.

Will man über das Unsagbare sprechen, dann lohnt es sich, erst zu unterscheiden zwischen dem individuell Unsagbaren und dem prinzipiell Unsagbaren. Das individuell Unsagbare lernen wir kennen, wenn wir eine zweite Sprache lernen. Da kommt es öfter vor, dass wir etwas sagen wollen, können es aber noch nicht ausdrücken, weil es uns an Kompetenz in der zweiten Sprache mangelt. Dann aber ist das zu Sagende sagbar, eben in der eigenen Sprache. So wissen wir, was wir sagen wollen, und könnten es auch formulieren.

Wenn Kinder sprechen lernen, dann scheint plausibel, anzunehmen und wir nehmen es auch an, dass sie erst wenig und dann langsam mehr ausdrücken können. Wäre es aber sinnvoll anzunehmen, sie wüssten eigentlich viel mehr und wollten viel mehr sagen, als sie ausdrücken können? Das glauben manche.

Als Opponent solcher Ansichten ist der Sprachphilosoph John Searle angetreten mit seinem Prinzip der Ausdrückbarkeit, das in etwa besagt, dass für jede Sprache gilt: Alles, was jemand meinen kann, dafür gibt es einen Ausdruck, mit dem er oder sie es auch sagen kann. Nimmt man dies wörtlich und empirisch, so sollte man zeigen, dass alles in alle Sprachen verlustlos übersetzt werden kann. Das will ich hier nicht widerlegen. Sie können sich selbst versuchen und das deutsche *Sie* ins Englische übersetzen. Dann werden Sie eher geneigt sein, das searlesche Prinzip mehr als Hinweis auf die Offenheit und Wandelbarkeit menschlicher Sprachen zu sehen.

Vielleicht beißt sich die Katze auch in den Schwanz, weil niemand meinen kann, was er oder sie nicht sagen kann.

Das prinzipiell Unsagbare beschäftigte vor allem Mystiker und Mystikerinnen (hier nicht nur formal gegendert), so den großen deutschen Mystiker, Meister Eckhart. Er versuchte immer wieder, die mystische Erfahrung, wenn schon nicht in Worte zu bringen, so doch mindestens in verbale Hinweise zu fassen. Seine verbalen Hinweise waren vor allem Paradoxa:

> »Gott ist ein Ichts und ein Nichts.
> Was immer man von Gott sagt, das ist er nicht. Was man nicht von ihm sagt, das ist er eigentlicher, als was man von ihm sagt.«

Auch der frühe, ganz rational erscheinende Wittgenstein setzte die Grenze zum Unsagbaren mit seinem berühmten: »Worüber man nicht sprechen kann, davon muss man schweigen.« Er sah hierin durchaus die Grenze zum Mystischen. Dabei wird auch die Metapher der Grenzen der Sprache gern übermetaphorisiert zur Mauer, an der Sie sich den Kopf einrennen könnten. Bemerkenswert in Sachen des Unsagbaren ist, dass weniger Sprachmächtige, etwa Kinder, sich kaum beklagen, sie könnten etwas nicht ausdrücken. Sprachgewaltige, besonders Dichter, haben immer wieder geklagt, etwas nicht ausdrücken zu können.

Nehmen wir ruhig weiter an, dass es das Unsagbare gibt. Merken wir aber: Im Unsagbaren ist alles das Gleiche. Unterschiede gibt es erst im Ausgedrückten.

Ist Schweigen wirklich Gold?

Der britische Professor Lord Acton war Ende des 19. Jahrhunderts Abgeordneter im englischen Parlament. Nach einigen Jahren wurde er gefragt, warum er beständig schweige. Er antwortete, dass er mit niemanden übereinstimme, so wie auch mit ihm niemand übereinstimme.

Der Kommunikationstherapeut Watzlawick hat seinerzeit Axiome, sozusagen Prinzipien der Kommunikation formuliert. Darunter auch dieses oft falsch zitierte: »Man kann nicht nicht kommunizieren.«

Das Axiom verweist uns darauf, dass alles, was wir tun, gedeutet wird. Sogar Nichtstun wird gedeutet, wenn es als Unterlassung oder als Absicht verstanden wird. Wenn ich also nichts tue, kann ein Partner dies als Unterlassung deuten – und das könnte ein Missverständnis sein.

Solcher Art Schweigen kann natürlich leicht missverstanden werden, weil Schweigen öfter als Zustimmung genommen wird. Man kann einfach nichts tun und schweigen. »Ich warte, bis mein Gegenüber gesprochen hat.« Man kann aber auch vielsagend schweigen. »Ich bin nicht einverstanden, widerspreche aber meiner Gesprächspartnerin nicht.« Es kommt auf den Kontext an, was Schweigen bedeutet und was es ist.

Besonders in der interkulturellen Kommunikation können hier Probleme auftreten, weil es kulturell verschiedene Ausführungsbestimmungen dafür gibt, was als Schweigen zählt und als was Schweigen zählt. Während in der deutschen Kultur eine Gesprächspause ab 20 Sekunden peinlich zu werden beginnt, gelten für andere Kulturen andere Regeln. Deutungen über unterlassene Handlungen sind im interkulturellen Kontext noch riskanter als in der eigenen Kultur. Unterlassungen zu deuten setzt sehr viel Wissen über Konvention und Kultur voraus. Schweigen, Nicht-in-die-Augen-Schauen, erwartungswidriges Nichtstun usw. können kulturell sehr unterschiedlich gedeutet werden, oft gegenläufig zur im Deutschen üblichen Deutung.

Im Grund ist das Watzlawickaxiom etwas windschief; es scheint einer einseitigen, Hörer orientierten Auffassung von Kommunikation anzuhängen. Schweigen bleibt doch eigentlich Nichtstun. Und wer nicht handelt, der kommuniziert nicht. Wir müssen zwar als Sprechende akzeptieren, dass unser Tun wie Nichttun von den anderen gedeutet werden. Das bedeutet aber noch lange nicht, dass etwas, was so und so gedeutet wird, auch so und so gemeint war. Das sprechende Individuum kann nicht für jede Deutung verantwortlich gemacht werden. Verstehende tragen Mitverantwortung, vielleicht sogar die Hauptverantwortung. Nur: Als Sprecher sollte ich mir Gedanken machen, wie ich verstanden werden könnte. Denn ich will ja, dass meine Gegenüber verstehen, was ich sagen will, und nicht allzu viel hinzutun. Darum sollten wir auch offen für die Deutung des Schweigens sein. Hier wird keine Palette dafür vorgestellt. Wir sollten uns aber kurz mit einer Form befassen: Schweigen, wo was zu sagen wäre.

Das Verweigern des Dialogs ist eine Form, etwas auszudrücken, ohne es unmittelbar in Worte zu fassen, zu zeigen, dass unser Gegenüber uns nicht interessiert oder sogar, dass es nicht existiert. Bei jedem anderen kann man nachfragen, wenn man nicht versteht. Aber bei Schweigen, wo etwas zu sagen wäre, bekommst du null Reaktion, was immer du tust. Unmittelbare Kommunikation findet nicht mehr statt.

Im Privaten kann man sich da mit Karl Valentin trösten: »Dein Schweigen ist so tiefsinnig, dass man wünschte, es würde nie enden.«

Wie viele Wörter hat eine Sprache?

Wenn man so was wissen will, schaut man ins Wörterbuch, fängt an zu zählen. Nein, zählen muss man nicht, das haben meist andere schon getan. Frage aber, in welches schaut man? Die Antwort hängt ja wohl von der Dicke des Wörterbuchs ab.

Für das Deutsche würde man vielleicht »Das Deutsche Wörterbuch« zur Hand nehmen. Es hat eine lange Geschichte, wurde Mitte des 19. Jahrhunderts von den Brüdern Grimm begonnen und sage und schreibe 1960 nach mehr als hundertjähriger Arbeit abgeschlossen. Und man wird sich nicht wundern: Es umfasst 32 Bände, mit Register 33. Man bekommt es antiquarisch für etwa 3000 Euro.

Aber natürlich wurde es neu aufgelegt und heute kann man es auch elektronisch einsehen im Wörterbuchnetz der Universität Trier.

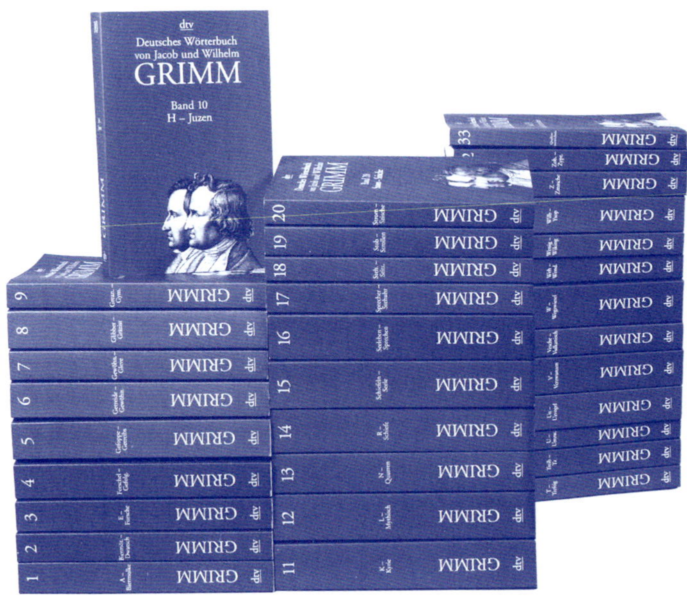

Der Grimm enthält etwa 330 000 Stichwörter. Eine schöne Zahl. Aber sind das alle deutschen Wörter? Eines wird einem gleich einfallen: Vielleicht gibt es ja seit 1960 neue Wörter? Und wurden die früheren Bände aufgefrischt? Oder gar: Wurden zur Entstehungszeit alle aufgenommen?

So finden wir nicht *Telekommunikation, Virus, Rolladen* oder erst recht nicht *Rollladen*. Das wundert vielleicht nicht. Wir finden auch nicht *Atom, Idiot*. Schon verwunderlicher. Ebenso wenig *Sprachkritik*. Aber *Kritik* und *Kritikaster*.

Natürlich stehen im Wörterbuch nur Grundformen. Alle gebeugten finden wir nicht. Das würde die Anzahl mindestens verdoppeln. Und im gleichen Zusammenhang sind auch die abgeleiteten Wörter zu sehen wie eben *Sprachkritik*, die lange nicht alle im Wörterbuch stehen, wenn vielleicht die Teile auch drinstehen. Den entsprechenden Faktor kennen wir überhaupt nicht.

Heutzutage könnte man es natürlich mit dem Zählen etwas einfacher haben. Darum noch eine andere Zahl, die nicht nur zeitgemäßer erscheinen könnte, die aber zugleich noch auf eine andere Mehrdeutigkeit hinweist. Linguistisch wird unterschieden zwischen einem Wort als Element der Sprache, dem Typus oder Type, und dem vorkommenden Wort in einem Text, in dem ja derselbe Type öfter vorkommen kann. Solche Okkurrenzen nennt man auch Textwörter oder laufende Wortformen. Und nun also zur neuen Zahl: Das größte Sprachkorpus des Deutschen am Institut für deutsche Sprache umfasst mittlerweile in etwa 50 Milliarden Textwörter.

O. k., das Sprechen und Schreiben nimmt kein Ende. Und so gibt es Gott sei Dank auch keine Antwort auf die Ausgangsfrage.

Wie lautet das *ideale* Wort?

Das ideale Wort zu suchen, klingt irgendwie verwegen. Jede Sprache ist ein eigenes System und für jeden mag es anders klingen. Geht es um das ideale italienische oder das ideale deutsche? Eine Antwort könnte von Sprache zu Sprache unterschiedlich ausfallen. Und dann noch nach welchen Kriterien: ideal zum Merken, zum Sprechen, zum Wahrnehmen?

Natürlich – heißt es – sei die Abfolge CV für eine Silbe, also ein Konsonant + Vokal. Aber wie bekommt man raus, was natürlich ist? Nur über das, was ist. Eine bessere Lösung sehen wir da nicht, wenngleich wir im Deutschen auch VC kennen, etwa *ein, Eis, Aar, Erde, unten, irrig*. So könnte man auszählen, was häufiger ist. Ein Wort aus einer Silbe ist wohl etwas zu kurz, um genügend Aufmerksamkeit zu bekommen. Außerdem stellt sich die Frage, wie viele Wörter dieser Struktur das deutsche Lautsystem hergäbe. Klar rechnerisch bei fünf Vokalen und 21 Konsonanten so circa 120. Das wäre sehr bescheiden. Das ideale Wort, wird angenommen, bestehe aus zwei Silben, manchmal auch aus drei. Mit Zweisilbern der Form CVCV kommen wir schon viel weiter und sie klingen auch schön: *Name, Ehre, zeige, sage*. Auch Kinder präferieren Zweisilber. Am liebsten noch Doppler: *dada, Mama, Milli*.

Sicher ist Ihnen klar, dass wir auch mit solchen Zweisilbern nicht weit kommen. Darum sollten wir vom Ideal zur Realität. Wenn wir die frequenten Wörter ansehen, erkennen wir schnell, dass die Struktur CVC sehr häufig ist: *dein, Gott, Sinn, lang, seit, viel, weit*. Dann aber auch CVCC: *dort, kurz, recht, Geist, Hand, Herz, jung, Kopf, Kunst, Land, Wort*. Auch CCVC finden wir hier: *Fraß, gleich, Staat*. Oder sogar CCVCC: *stand, stark*.

Leicht infantil klingende Doppler haben wir in Wischiwaschiwörtern: *Hickhack, piffpaff, Bimbam, Ticktack*. Sie merken schon: Ein Ideal ist nicht so leicht auszumachen.

Wenn wir auf die andere Seite blicken, dann sehen wir: CCC ist äußerst unbeliebt. Wörter wie *Strumpf* entsprechen keinem Ideal. Wie kommen wir dazu? Mehr als 70 % der deutschen Wörter sind frei von Konsonantenhäufungen.

Und bedenken Sie bitte: Wir haben hier nur von der Lautung gesprochen. Ginge es um den Sinn, würde die Frage nach dem idealen Wort oder dem schönsten gar ganz unsinnig.

Wie viele Wörter
beherrscht ein Mensch?

Schätzungen sprechen davon, ein Mensch könne zwischen 3.000 und 216.000 Wörtern kennen. Das ist doch bemerkenswert – vor allem die große Spanne. Hat das Schätzverfahren das zu vertreten? Oder ist die Fragestellung so unklar?

Goethes Wortschatz ist dokumentiert im Goethewörterbuch. Es soll 90.000 Wörter enthalten. Das scheint sehr, sehr viel. Doch wie viele Wörter hat Goethe nur mündlich geäußert? Ein Wörterbuch als Grundlage engt die Frage noch weiter ein: Es enthält ja nur Grundformen, alle anderen Wortformen werden nicht gezählt. Das scheint erst einmal o. k.. Denn anders war die Frage nicht gemeint. Dennoch, wenn man die Sprachkompetenz eines Menschen beurteilen wollte, dann könnte es schon wichtig werden, welche Wortformen er verwendet und welche nicht. Kommt etwa das seltene *gewönnest* oder gar *stürbest* vor? Und was würde das zeigen?

Bliebe noch die Frage, ob man ein allgemeines Maß angeben kann, wie man von Wortformen auf Grundformen runterrechnen kann. Viele Wörter sind unveränderlich, andere haben unterschiedlich viele Formen: *Haus* hat fünf Formen, *Frau* nur zwei. Und wie viel hat *gewinnen*? Grob überschlagen gibt es im Deutschen 1,8-mal mehr Wortformen als Grundformen.

In der Textbewertung und der Beurteilung sprachlicher Kompetenz spielt das reiche Vokabular eine große Rolle. Wir sehen aber, dass darunter doch ganz Unterschiedliches zu verstehen sein könnte. Wenn wir uns etwa die Wortformen des Deutschen in einer Liste nach Frequenz geordnet denken, so könnte man eine Rangliste herstellen, in der die häufigste an erster Stelle steht. Dann könnte man auswerten, bis zu welchem Rang eine Schreiberin oder ein Schreiber in ihrem/seinem Text geht, etwa bis zu *gewönnest* oder Ähnlichen. Tatsächlich kann man Menschen mit seltenen Wortformen und Wörtern verblüffen, wie einst unser dreijähriger Sohn, der in seiner Matchboxsammlung ein Lufthutzenauto hatte.

Der persönliche Wortschatz eines Menschen ist unterschiedlich groß zu unterschiedlichen Lebenszeiten. Ich will nicht sagen, dass er immer weiter wächst. Klar, ganz zu Anfang ist der Wortschatz eines Kindes gleich null. Nach langsamem Anlauf folgt mit etwa anderthalb Jahren die lexikalische Explosion, sodass ein Kind mit 6 Jahren schon 9.000 bis 14.000 Wörter beherrsche – heißt es. Sicherlich geht das später noch weiter.

Was soll eigentlich *beherrscht* in der Titelfrage heißen? Eines ist ein Wort *äußern* und selbst *verwenden*, ein anderes ist ein Wort *kennen* und noch ein anderes ist es *verstehen*. Bisher ging es darum, wie viele Wörter jemand verwendet. Da wäre schon die Frage: Wie? Korrekt? Es ist unmittelbar plausibel, dass er viel mehr kennt. Es heißt: Der passive Wortschatz (also was man kennt) sei wesentlich größer als der aktive (was man verwendet). Wenn ich eine Wortliste von etwa 500.000 durchsehe, stoße ich auf wenig Unbekanntes.

Allein unter *Zwerg…* finde ich mehr als 250 Wörter. Mit denen habe ich wenig Probleme (wenngleich ich bei *zwergeln* schon etwas nachdenken muss und bei *zwergenwüchsig* meine Zweifel habe, aber ich bin kein Sprachrichter):

Zwergenfabrik
Zwergenhund
Zwergenloch
Zwergenschenkel
Zwergensohn
Zwergenspezialist
Zwergenstammtisch
Zwergenstube
Zwergenversammlung
Zwergenvölker
Zwergenweib
Zwergenwelt
Zwergenwissenschafter
Zwergenzeitung
Zwergenzimmer
Zwerglibelle
Zwergverein
Zwergversion
Zwergwuchs

Gefallen hat mir *Zwergriese*. Zweimal hinschauen muss ich bei *Zwergalpenrose*.

Und doch könnte ich spontan welche dazumachen: Zu *Zwergenhut* auch *Zwergenhütli*. Und Sie kommen bestimmt auch auf welche.

Wenn Sie nun Lust verspüren, sich mit Goethe zu vergleichen, dann sollten Sie besonders darauf achten:

- Zählen Sie Wortformen oder Grundformen?
- Sind die verwendeten Wörter häufig oder eher selten?
- Geht es um den passiven Wortschatz oder den aktiven?

Es bleibt noch eine andere Frage: Stellt sich, wer die Ausgangsfrage stellt, vor, es gebe einen abgeschlossenen deutschen Wortschatz und analog auch einen persönlichen abgeschlossenen? Wer das denkt, verkennt den Charakter der Sprache. Die Sprachfähigkeit besteht darin, unendlichen Gebrauch zu machen von endlichen Mitteln. Jeder Wortschatz besteht aus einem stetig erweiterbaren Arsenal plus einem regulären und kreativen Werkzeugkasten. Jeder Mensch hat in seinem Kasten die Regeln, mit denen er neue Wörter verstehen und bilden kann – für sich und, wenn er ganz toll ist, sogar für das Deutsche. Wenn Sie nun also Goethe lesend stoßen auf *Triftraum, Trutz*, auf *Afterkünstler, branlieren, eilfsilbig, gätlich* und *Faschine*, was machen Sie da? Sie reimen sich etwas zusammen – aus dem Kontext oder aus dem Kopf. So bleibt eben unüberschaubar, wie viele Wörter ein Mensch beherrscht.

Wie entstehen **neue Wörter?**

Die Frage ist schon etwas windschief. Sie entstehen natürlich nicht. Sie werden eher gemacht. Aber auch das trifft nicht so ganz. Neue Wörter kommen auf zwei Wegen in eine Sprache:

- Sie werden aus anderen Sprachen eingeführt.
- Sie werden aus bestehenden Sprachstückchen gebildet.

Eingeführte Wörter sind im Deutschen Legion. Bei alten erkennt man das gar nicht mehr wie *Fenster* (aus lateinisch *finestra*) oder *Mauer* (aus lateinisch *murus*) und viele andere.

In einem zweiten großen Schub haben wir eher Gelehrtenwörter übernommen: *Äther, Kirche, Psalm, Parlament, sozial, radikal*, aber auch *Telegramm, Kilo, Tante* und *Onkel*. Das dauert bis heute. Schon länger nähren wir unseren Wortschatz gut aus dem Englischen: *Aftershave, Baby, Bowle, chartern, Comic, Hit, Jeans, Job, Management, Shorts, Snob, Sport, Start, Toast*.

Das Deutsche war und ist stark im Nehmen. Exportiert hat es weniger. Auch das ist normal. Wörter werden nicht exportiert, sie werden importiert, meist nach Bedarf.

Le vasistdas kam schon zu Napoleons Zeiten ins Französische. Die Soldaten hätten sich angeblich gewundert über deutsche Dachfenster und entsprechend gefragt. So gehen solche Geschichten. Im Angloamerikanischen finden sich *Kindergarten, Sauerkraut* und *Gemütlichkeit*, wie immer es ausgesprochen wird, es ist mit Bier verbunden. Weniger schön *Waldsterben* im Französischen und *Blitzkrieg* oder *Angst* im Englischen.

Oft wird behauptet: Wortbildung erweitert den Wortschatz einer Sprache. Das stimmt nicht ganz, weil eben neue Wörter aus bestehenden Elementen gebildet werden.

Die Wortbildung hat eine regulär produktive Seite: Es können spontan nach Regeln oder Mustern neue Wörter gebildet werden, die noch nicht Teil des Wortschatzes sind und vielleicht nie werden. Neue Wortbildungen sind stets eingebettet in Kommunikation. Es ist dabei egal, ob ein

Wort schon im Wörterbuch steht, ob es schon mal jemand gebildet und gebraucht hat. Das Maß aller Dinge sind die Kommunizierenden und ihr Wissen. Hier sind auch kühne und neue Bildungen möglich, üblich und verständlich.

Prinzipiell werden zwei Arten der Wortbildung unterschieden:

- Komposition oder Zusammensetzung
- Derivation oder Ableitung

In der Komposition werden Wörter zusammengefügt, in der Derivation werden Wörter mit unselbstständigen Elementen erweitert.

Komposition	Derivation
Hand-arbeit	Un-kraut
Grau-zone	natür-lich
Lese-zirkel	be-mutter-n
Vor-dach	Ge-länd-e
Jetzt-zeit	be-gnad-ig-en
best-möglich	un-schön
denk-faul	halb-ier-en
spritz-gießen	Schön-heit
über-nehmen	ess-bar
	Lehr-er
	ver-steh-en
	ge-lehr-ig

Durch Wortbildung bilden sich ganze Netze im Wortschatz, die als Wortfamilien gelten.

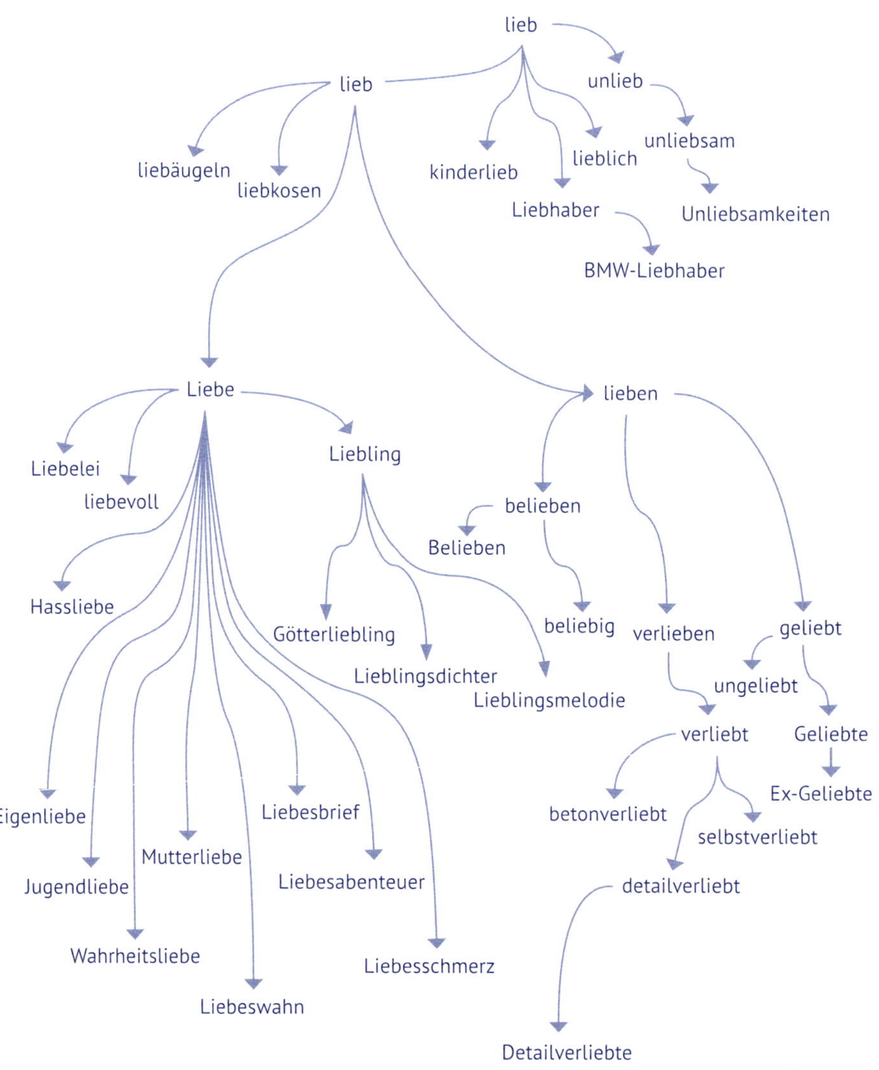

Wortbildung ist auch deshalb produktiv, weil ihre Produkte wiederverwendet werden können und damit verlängert werden zu neuen Wörtern. Das muss kein Ende nehmen. Sie wissen, wie das Spiel mit der Donaudampfschifffahrtsgesellschaft weitergeht.

Allerdings sind nicht alle möglichen Bildungen willkommen. Wir sind sparsam: Wenn wir schon *Bitterkeit, Bequemlichkeit* haben, brauchen wir *Bitterheit, Bequemheit* nicht. Wenn wir schon *Leere, Dieb* haben, brauchen wir *Leerheit, Stehler* nicht. Man sagt, die Wortbildung sei blockiert. Wir mögen es nicht, wenn jemand ein neues Wort bildet oder verwendet, für das es schon eins gibt. Und darum tun wir es auch nicht. Ein Kurzwort *KZ* für *Kompetenzzentrum* wird so leicht keiner wählen.

Natürlich muss man wissen, dass es schon ein Wort gibt, für das, was man ausdrücken will. Bei Kindern und Deutschlernenden drücken wir ein Auge zu. Wir nehmen an, dass sie den Blocker nicht kennen.

Die Durchblätterung und Lesung der Zeitschrift waren ein Genuss.

Weiteres entnehmen Sie dem Hinterteil des Briefes.

Was es mit dem hier auf sich hat, werden Sie wissen:

[Mädchen][handelsschule] vs. [Mädchenhandel][s][schule]

Solche Komposita haben eine innere Struktur.

Aber auch beim Lesen von *eingeigelt* oder *beinhalten* kann man schon mal stolpern. Erst recht bei Verstehensfallen am Zeilenende und bei Trennungen wie den folgenden: *Lerner-fahrung, Fahrer-laubnis, Leser-hythmus, Seele-opard, Uran-fang, Flexion-sendung.*

Und dann noch die zweideutigen.

Wach-traum	Wacht-raum
Jag-drache	Jagd-rache
Wach-stube	Wachs-tube
Fehl-erklärung	Fehler-klärung
Reit-erfolge	Reiter-folge
Tal-entwässerung	Talent-wässerung

So weit erst mal das Graubrot, wie es in der Linguistik regelhaft beschrieben wird. Aber Menschen sind auch kreativer.

Als Wortbildung gibt es die reine Wiederholung – also Fälle, in denen ein Wort gebildet wird durch einfache Wiederholung eines Lexems. In Kreolsprachen etwa Verben:

Kotti-kotti (nach *cut*) »klein schneiden«,
takki-takki (nach *talk*) »tratschen«

Und auch Nomen:

balibali »Lärm«, djompodjompo (nach *jump*) »Grashüpfer«

Das kennen wir im Deutschen in Kindersprache und als ein Luxusmuster bei den Wischiwaschis. Zuerst Beispiele mit einsilbigen Basen:

Heckmeck, Hi-Fi, Klimbim, Picknick, ruckzuck, Snailmail, Tex-Mex, wingding

Häufig wird der Vokal im Duplikat variiert:

Bimbam, Flickflack, Hickhack, Hip-Hop, Krimskrams, Mischmasch, piff-paff, Pingpong, ritsch-ratsch, Schnippschnapp, Singsang, Wirrwarr, Zickzack

Die weitaus meisten haben zweisilbige Basen:

ätschi-bätschi, Boogie Woogie, Charivari, Hully-Gully, Kuddelmuddel, multikulti, oki-doki, Remmidemmi, ruckizucki, Schickimicki

Und hier zweisilbige Wischiwaschis mit Vokalvariation:

Wischiwaschi, Tingeltangel, Dingeldangel, Kritzikratzi, pickepacke, pitschepatsche, ficto-facto, jinglejangle

Was die Bedeutung von Wischiwaschis betrifft, tut man sich schwer. Oft geht es um Vielheit, Intensivierung, Steigerung und Wiederholung.

Weit verbreitet ist ein abwertender Bedeutungszug. Weiter haben Wischiwaschis ein stilistisches Gschmäckle (auffällig etwa Kindersprachliches) und einen kommunikativen Mehrwert. Darin besteht ihr Witz. Auch Dialektales *Gschistigschasti* (für Unsinn, darin *Gschiss*?) und *Hackelpackel*.

Hier bitte eine Anleitung für den Hausgebrauch:

1. Man nehme eine Wortwurzel, mache eine Kopie davon und tausche darin den ersten Buchstaben aus. Das geht ratzfatz.
2. Den Vokal in der Mitte können Sie austauschen in der Kopie. Auch das führt nicht nur zu Schnickschnack.
3. Nehmen Sie nun einen Zweisilbler und verfahren analog. Auch das ist kein Hokuspokus.
4. Sogar mit Vokalaustauch gibt's kein Kribbeskrabbes.

Viel Vergnügen.

Was ist Stil?

»Es ist überall nichts in der Welt, ja überhaupt auch außer derselben zu denken möglich, was ohne Einschränkung für gut könnte gehalten werden, als allein ein guter Wille.

Was kann, wenn man nahe dran ist, diese Welt zu verlassen, tröstender sein, als zu sehen, dass man nicht umsonst gelebt habe, weil man einige, wenngleich nur wenige, zu guten Menschen gebildet hat!«

Ein guter Wille ist immer gut. Das gilt für sonst nichts. Das ist richtig auf der ganzen Welt. Es ist auch richtig außerhalb der Welt. Du kannst dir nicht etwas Besseres ausdenken.

Du bist nahe dran zu sterben. Dann ist das ein Trost. Du hast nicht umsonst gelebt. Du hast Menschen zu guten Menschen gemacht. Vielleicht auch nur wenige.

Unter Stil versteht man die charakteristische Art und Weise der Ausführung von Kunstwerken, von Texten und Handlungen, insbesondere von sportlichen Handlungen. Umfassend gar vom Stil einer Epoche.

In unserem Zusammenhang geht es um Schreibstil und Sprechstil. Mit *Stil* wird so Bezug genommen auf Texte und Personen.

Verbreitet ist die Ansicht, man könne unterscheiden, was gesagt wird und wie es gesagt wird. Der Inhalt und der Stil. Der Stil eines Textes basiere darauf, dass man das Gleiche auf unterschiedliche Weise ausdrücken könne und die Autorin diese oder jene Alternative gewählt habe. Dies bestimme ihren Stil. Stil sei demnach das Resultat der Auswahl aus synonymen Sprachmitteln.

Aber synonyme Ausdrucksweisen gibt es nicht. Und Text ohne Stil ebenso wenig. Eine Unterscheidung in »eigentliche Information und der Rest« ist nicht haltbar. Der Gebrauch eines Wortes umfasst alle Nuancen bis hin zu Wortspielen, Assoziationen, Emotionalem und metasprachlichen Verwendungen.

Es gehört zur normalen Verwendung des Wortes *Stil*, dass damit etwas Typisches, vielleicht auch Wiederkehrendes gemeint ist. Stil basiert auf Distinktion und Betonung. Aus den unüberschaubar vielen Merkmalen der Rede eines Menschen oder auch nur einer Rede eines Menschen wird selektiv und ganzheitsorientiert etwas gemacht, was dann der Stil von X ist. Bestimmte Elemente werden hervorgehoben, dadurch treten andere in den Hintergrund. Da stellen sich vor allem zwei Fragen:

- Was wird selegiert und nach welchen Kriterien?
- Wie kommt es zu der Ganzheit und ihrem Label?

Selegiert wird nach dem Typischen. Was aber ist das Typische? Es sind in erster Linie Auffälligkeiten, die auf Frequenz basieren: infrequente Wörter oder überfrequente Wortverwendungen, neue Wortbildungen, syntaktische Strukturen usw. Dieses Kriterium mag intuitiv angewendet werden oder statistisch auf einer Datenbasis. Es scheint das einzig verlässliche Kriterium. Alle andern sind bereits Deutungen.

Stilisierung läuft nach dem Weglass-und-Betonungsschema. Man stilisiert sich selbst, indem man bestimmte Möglichkeiten hervorhebt und andere weglässt. Man wird stilisiert, indem bestimmte Möglichkeiten hervorgehoben und andere weggelassen werden. So hat Stilisierung viel mit Stereotypisierung zu tun. In der Rede über Stilisierungen werden wie in der Rede über Stil Bezeichnungen partieller Ganzheiten eine

Rolle spielen: Jemand redet wie ... Wer sich stilisiert oder stilisiert wird, stilisiert sich oder wird stilisiert als ...

So redet die Leiterin einer Katzenpension über die ihr anvertrauten Katzen wie eine Mutter über ihre Kinder. Oder Sie reden wie eine Computerspezialistin oder ein Börsenfreak, wie ein Sportsfreund oder Verwaltungsheini.

Die Stilisierung braucht sozusagen Modelle, zum Beispiel der tragische oder der sportliche Held oder die verwirrte Psychopathin, der Nazi oder die Alleswisserin. Solche Modelle mögen allgemein bekannte und so verstandene Typen sein oder bestimmte Personen. Es mögen auch Stereotypen, Rollen oder Konstellationen (Hausdrachen und Hampelmann) sein. Sie sind in der Regel zu fassen als ein Konglomerat von Merkmalen.

Es gibt eine lange abendländische Tradition, einen engen Zusammenhang zu sehen zwischen Stil und Person, den Stil, den jemand schreibt, als Teil seiner Person zu verstehen. »Le style c'est l'homme même.« Dies ist die oft so zitierte Formulierung, die Buffon 1753 in seiner Antrittsrede vor der Académie française wählte. So kontextlos, wie der Ausspruch verwendet wird, lässt er allerdings Raum für Ausdeutungen und gestattet so den verschiedensten Ansätzen, ihn als Slogan oder Fahnenwort für sich zu reklamieren. Für Buffon ging es weniger um eine moralische Beurteilung als vielmehr ganz im Zuge der *clarté* um den Zusammenhang von klarem Denken und klarem Schreiben. Ihm ging es um das reflektierte Schreiben.

Die Idee, dass am Stil die Qualität des Denkens zu erkennen sei, ist hinwiederum alt. Wir finden sie schon bei Horaz und oft später, besonders pointiert ausgedrückt bei Schopenhauer:

> »Der Stil ist die Physiognomie des Geistes. [...] Fremden Stil nachahmen heißt eine Maske tragen.«
>
> (Schopenhauer, »Parerga und Paralipomena« 1851)

Und etwas anders bei Nietzsche:

> »Den Stil verbessern – das heißt den Gedanken verbessern, und gar Nichts weiter!«
>
> (Nietzsche, »Menschliches, Allzumenschliches« 1886)

Mit einer solchen Auffassung wird Stil als intentionales und verantwortliches Handeln auch moralisch beurteilbar. Stil ist nicht mehr Privatsache, vielmehr können Autorinnen oder Autoren für ihren Stil verantwortlich gemacht werden. Zugleich kommt über den Effekt aber auch die andere Seite in den Blick.

Der persönliche Stil wird weitgehend als Sache des Individuums angesehen. Da er aber kommunikativ ist und in Kommunikation erzeugt wird, ist er öffentlich. Somit bleibt die Kreation des Stils auch Sache der Rezipierenden und der Analysierenden. Die Ganzheit ist immer ein Konstrukt. Und damit kommen auch die Konstrukteure in die moralische Verantwortung.

Eine andere verbreitete und stillschweigende Grundannahme vieler ist, Sprache sei ein Medium. So wird dann oft unterschieden nach der Logik der Sache einerseits und der Logik der Sprache andrerseits und öfter wird die Sachlogik auch als Beurteilungsmaßstab des Stils angeführt. Schlechter Stil sei Inadäquatheit von Sprache und Sache oder aber lasse die Sache schlecht erscheinen. Diese Ansicht ist zwar weit verbreitet, aber nach vielen Sprachtheorien so nicht haltbar: Wenn ein Sachverhalt formuliert wird, dann ist es nicht nur eine stilistische Alternative, wie, sondern dann ist es eine Frage nach dem Sachverhalt selbst.

Stil umfasst gewisse charakteristische Züge sowohl dessen, was gesagt wird, als auch die Art, wie es gesagt wird.

Dazu können Sie am Anfang Kant in einfacher Sprache prüfen.

Soll das ein **Witz** sein?

Ist das Folgende ein Witz oder witzig?

> Der Himmel ist dort, wo die Briten Polizisten, die Franzosen Chefs, die Deutschen Automechaniker, die Italiener Liebhaber sind und all das von den Schweizern organisiert wird.
> Die Hölle ist dort, wo die Briten Chefs, die Franzosen Automechaniker, die Deutschen Polizisten, die Schweizer Liebhaber sind und alles von Italienern organisiert wird.

Irgendwie ja. Auch wenn Sie ihn schon kennen.

Bei Witz denkt man schnell an die Textsorte Witz. Diese Verwendung des Wortes ist aber bei Weitem nicht die häufigste, von der historischen Entwicklung gar nicht zu reden, wo in früherer Zeit Witz bekanntlich viel mit Geist und Klugheit zu tun hatte.

Überwiegend wird Witz hier als eine Eigenschaft von Menschen gesehen, heute noch vor allem von jenen, die Witz und Charme haben. Aber auch, was sie tun, kann Witz und Charme haben.

Was gehört dazu, damit ein Text (oder auch ein Mensch) witzig ist? Lachen kann als definierende Reaktion genommen werden, sei es das Sprecherlachen, sei es das Hörerlachen.

Aber warum lachen wir? Es ist der doppelte Sinn, dass eine Äußerung eine gewisse Ambivalenz zeigt, dass sie nämlich naheliegend in einem Sinn verstanden werden kann und vielleicht etwas ferner liegend in einem anderen Sinn. Dabei kann der andere Sinn gerade das Eigentliche sein. Wichtig bleibt aber das Schillern zwischen beiden.

Das Erstverstehen ist erwartet. Das Zweitverstehen ist eher unerwartet und überraschend. Unerwartet und überraschend scheinen schon früher als Lachauslöser erkannt worden zu sein. Mit dem zweiten Sinn zeigt man Reflexion und Distanz. Distanz kann sich auf unterschiedliche Weise zeigen. Zum Beispiel wie im Eingangstext:

- durch Übertreibung
- durch zitative Redeweise

Für das Gelingen sind die allgemeinen Prinzipien der Kommunikation zuständig. Insbesondere spielt die Aufwärmung eine wichtige Rolle: Ankündigung von Witzen oder Standardformeln für Witze und Nennung von Figuren wie Tünnes und Schäl oder Kleinfritzchen oder Ähnliches.

Grundsätzlich sind die meisten Witze unterinformativ, da das Eigentliche implizit bleibt. Man muss draufkommen, um den Witz zu verstehen und so zu seinem Lacher zu kommen. Wir verwenden dazu zwei Hinblicke:

- Der erste Blick ist vordergründig, er bewegt sich in einer gewissen Sphäre.
- Der zweite Blick betrifft das Implizite, eine zweite Sphäre.

Zwischen beiden Blicken und Sphären herrscht eine gewisse Dissonanz. Aber die zweite Sphäre wird nicht sofort aufgemacht. Darin liegt die Überraschung. Man könnte es auch die Pointe nennen. Übrigens, beim Witzeerzählen ist eine Kunst, die Partnerin oder den Partner möglichst lange in der ersten Sphäre zu halten, aber nicht den Absprung zu verpassen. Schlecht ist es bekanntlich, wenn Partner zu früh die Pointe erahnen.

Woher kommen *Versprecher* und *Verhörer?*

In seinem Werk »Zur Psychopathologie des Alltagslebens« befasst sich Freud mit Meringers Sammlung von Versprechern und dem Beispiel »Dann aber sind Tatsachen zum Vorschwein gekommen …«, bei dem der Sprecher anschließend bestätigt habe, dass er an Schweinereien gedacht habe. Nach Meringer liege in der Ähnlichkeit der Wörter eine ausreichende Erklärung. Freud will natürlich tiefer graben. Er sucht »einen längeren Weg durch eine komplexe Assoziationsreihe«. In dem Versprecher komme eine unbewusste Aussage zum Vorschein (nicht »zum Vorschwein« diesmal). Hiermit war der freudsche Versprecher geboren. Die Idee ist, dass Versprecher damit etwas Sinnvolles offenbaren, was sie eigentlich gar nicht sagen wollten.

Es gibt aber so viele Versprecher, die nicht immer kühn und personenspezifisch auszudeuten sind. Sie sind nicht unbedingt ein Königsweg zum Unbewussten, sondern auch Grundlage einer Methode, das mentale Lexikon zu erforschen. Helen Leuninger hat über Jahre eine Verbrecherkartei – pardon Versprechenskartei – pardon Versprecherkartei – geführt und ihre Funde analysiert.

Die Grundidee ist: Versprecher sind nicht irgendwie zufällig, man kann gewisse Regelmäßigkeiten entdecken. Wenn man Versprecher kotzequent – pardon konsequent – analysiert, kommt man der Organisation unserer Sprachfähigkeit auf die Spur. Man könnte erkennen, welche mentalen Vorgänge beim Sprechen im Gehirn ablaufen und wie die Individualsprache im Gehirn hinterlegt ist. So laufen die Versprecher stets in einem grammatischen Segment ab, was als Indiz für die psychische Realität grammatischer Einheiten gewertet wird. Betroffen sind meist Wörter, die betont sind und oft gerade die Wortanfänge. Im Einzelnen hat Leuninger die folgenden Verfahren aufgeführt.

Substitution:

Ersetzung aufgrund von Bedeutungs- oder Formähnlichkeit. Reine Lautsubstitution in *die Nachrichten in Schlafzeilen,* Anklang in

Artillerieverkalkung statt *Arterienverkalkung,* lexikalisch in *ein Kind abonnieren* statt *ein Kind adoptieren.*

Permutation:

Vertauschung von Teilen zusammengesetzter Wörter, von Silben oder Lauten: *Die nehmen wir mit Husskand, eine Kussverletzung am Schopf, Schnill und Dittlauch, mein*

Kralli putzt statt *Pulli kratzt, ... wenn Sie unser Misstrauen verbrauchen.*

Antizipation:

Vorwegnahme von sprachlichen Einheiten. Die Einheiten können Wörter, Wortbestandteile, Silben oder Laute sein: In *Der Vorwurf ist bereits in Vorbereitung* ist *vor* aus *Vorbereitung* vorgezogen, in *Schweinschwangerschaft* die Lautkombination.

Postposition:

Im Nachklang wird eine Einheit, die schon geäußert wurde, ein zweites Mal verwendet: In *sozialistische Zekten* wird das »z« wieder verwendet, in *jüngstes Gerücht* das »ü«.

Kontamination:

Vermischung zweier alternativer Einheiten, Wörter oder Phrasen: *Hinwaltspunkt* für Hinweis + Anhaltspunkt, *Dünnfall.*

Substitution und Kontamination haben viel damit zu tun, wie wir Wörter im mentalen Lexikon finden. Einerseits scheinen lautliche Muster und Ähnlichkeiten eine Rolle zu spielen. Andererseits dürften auch Bedeutungsbeziehungen, vor allem Bedeutungsähnlichkeit, aber auch Gegensätzlichkeit greifen.

Versprecher sind Alltag. Wir notieren sie nicht. Wenn wir welche zu hören bekommen, korrigieren wir sie automatisch. Nur die witzigen und scheinbar erhellenden werden gesammelt und tradiert.

Verhörer sind tatsächlich kreativ und bisher kaum erfasst. Es mag schon mal ein Missverständnis bewusst werden, das auf einen Verhörer zurückgeht wie hier bei den Alltagbeispielen:

Dreiunddreißig Euro. – Was dreihundertdreißig Euro? – Nein, dreiunddreißig.
Mein Ausguss war verstopft. Aber der Klempner war schon da. – Wieso der Klempner für den Auspuff?

Verhörer haben viele Ursachen, zum Beispiel mangelnde Fremdsprachkenntnisse, begrenzter Wortschatz, schlechte Artikulation oder Aufnahmetechnik, starke dialektale Prägung. Manche Verhörer sind auch durch den Kontext und die frühzeitige Aktivierung von Wortfeldern (*semantic priming*) erklärbar: Man hört, was man erwartet zu hören. Oder man zimmert sich um den Verhörer herum ein neues Weltverständnis mit verblüffend abstruser Logik.

Der Mensch sucht nach Sinn, und wenn es sein muss, sogar nach Unsinn:

knabenbringende Weihnachtszeit
Komma Jesus, sei unser Gast.
Steht der Tropfen, höhlt der Stein.

Udo Jürgens' *Griechischer Wein* wurde da zur Warnung *Kriech' nicht da rein!*.

Mit englischen Titeln geht das Verhören besonders gut.

Der Riese haust in New Orleans. (=There is a house in New Orleans)
Anneliese Braun von den Mamas & Papas (= All the leaves are brown)

Heimwerker können selbst Entsprechendes basteln. Eine Grastelbuppe hat folgende ausbaldowert:

Bartzitterschokolade – Baufensterschummel – Dissenswurst – Einlaufskiste – Fabelkernsehen – Findelgeschwühl – Fintentisch – Fluppenschechte – Hasenreizung – Hochzuckdrone – Hodenbeizung – Kotztropf – Kuseschmatze – Maschwaschine – Pöbelmacker – Rattenschiss – Schluckerzecken – Schnabelkur – Speckhoiler – Strandleicher – teesüchtig – Webelnerfer

Wir Menschen sind Sinntiere, wir wollen, dass Gesagtes Sinn macht, und wir unterstellen dem Menschen, dass er Sinnvolles äußert – meistens jedenfalls. Das geht meist glatt, nur manchmal bricht es auf. So wenn der spanische König für seine Verdienste Kolumbus zum Witzekönig von Südamerika macht. Oder: »Seehofer und Merkel harmonieren wie einäugige Zwillinge.«

Übersetzen – (Wie weit) Geht das?

Dies sind sechs Übersetzungen des nämlichen japanischen Haikus. Welches würde Ihnen am besten gefallen?

Ach, da pflückt er Kô-Gerank, –
Und ein Tag, ohn ihn zu sehen, Wird mir ja drei Monden lang!

Ach, da pflückt er Stabwurz heut, –
Und ein Tag, ohn ihn zu sehen, Wird mir dreier Herbste Zeit!

Ach, da pflückt er Beifuß ein, –
Und ein Tag, ohn ihn zu sehen, Ist als obs drei Jahre sei'n.

Fasel sammelt er im Hag. –
Wenn ich meinen Freund nicht sehe,
Wird drei Monde mir ein Tag.

Beifuß sammelt er im Hag. –
Wenn ich meinen Freund nicht sehe,
Wird drei Herbste mir ein Tag.

Wermut sammelt er im Hag. –
Wenn ich meinen Freund nicht sehe,
Wird drei Jahre mir ein Tag.

Natürlich können wir übersetzen und täglich wird unüberschaubar viel übersetzt. Aber was kommt da wirklich rüber?

Das Übersetzen eines Textes geht natürlich nicht Wort für Wort. Das wissen wir. Ob es dann aber noch eine gute Übersetzung geben kann? Wenn kein Wort richtig passt, wie kann man dann einen Text in einer anderen Sprache anders fassen, ohne dass etwas verloren geht?

Im Grunde wird gar nicht der Text übersetzt, sondern der Sinn des Textes wird in einer anderen Sprache neu gefasst. Leider ist der Sinn eines Textes gar nicht wörtlich da, der Sinn ist eine Deutung des Textes. Beim Übersetzen ist es die Deutung dessen, der übersetzt. Damit sind wir erst einmal abhängig von dessen persönlicher Deutungskunst. Dann aber kommt die zweite Hürde: Diese Person soll den Sinn in einer anderen Sprache fassen. Da ist sie gebunden an und beschränkt durch ihre Sprachkompetenz. Schließlich kommen wir selbst noch ins Spiel. Wie gut ist unsere Verstehenskompetenz?

Wahrscheinlich würden viele sagen, dass die immense Variation in den Haiku-Übersetzungen etwas zu tun habe mit der Quelle, nämlich Dichtung. So wäre dann gleich eine Gattung auszunehmen. Weiter kommt vielleicht zum Vorschein, dass Japanisch und die Denke dahinter uns einfach fremd seien. Und das ist ein Knackpunkt: Alles, was grundverschieden ist, kann nicht übersetzt werden. Aber genau das wäre doch das Interessante. Über*setzen* sollte ja auch ein *Über*setzen sein.

Was folgt aus alledem? Wenn wir die Sprache des Originals nicht können, müssen wir uns mit dem begnügen, was Übersetzer uns über- und vorsetzen. Das ist oft schon sehr viel und vielen genug. Wer aber *über*setzen will, dem bleibt nicht erspart, in Ausgangssprache und ihre Kultur einzutauchen.

Zum guten Schluss und Trost noch etwas, was schier unübersetzbar bleibt – und doch so schön übersetzt wurde.

Lewis Carroll (aus »Alice in Wonderland«)
Jabberwocky
`Twas brillig, and the slithy toves Did gyre and gimble in the wabe:
All mimsy were the borogoves, And the mome raths outgrabe.
Der Zipferlake
Verdaustig wars, und glasse Wieben Rotterten gorkicht im Gemank;
Gar elump war der Pluckerwank, und die gabben Schweisel frieben.
(Übersetzung von Christian Enzensberger)

Wie lügt der Mensch?

»Das Lügen ist ein Sprachspiel, das gelernt sein will, wie jedes andere«

(Ludwig Wittgenstein: »Über Gewissheit«. 1969, § 249).

Ein Spiel im Sinne Wittgensteins. Im Leben ist Lügen eine ernste Angelegenheit. Wie geht das ernste Spiel? Wir Menschen haben neben der gemeinen Lüge ein ganzes Lügenarsenal entwickelt. Augustinus hat die Lügen typisiert und auf seiner Lügenleiter angeordnet. Oben die schlimmsten:

- Lügen, die anderen schaden und niemandem helfen.
- Lügen, die anderen schaden und jemandem helfen.
- Lügen aus Lust am Lügen.
- Lügen, um anderen zu schmeicheln.
- Lügen, die niemandem schaden und das Leben eines anderen retten.
- Lügen, die niemandem schaden und die »Reinheit« eines Menschen retten.
- Lügen, die niemandem schaden und jemandem helfen.

Die verwerflichste – find ich – ist das Heucheln = lügen unter dem Deckmantel der Moral.

Nun aber wir und was wir alles unterscheiden. Typisch, dass so viele eher Abschwächungen sind. Das haben wir nötig.

Wie geht aber lügen? Wie ist der Sprechakt zu definieren? Ziemlich einfach:

A lügt genau dann,

- wenn A behauptet, dass x,
- glaubt aber, dass nicht x.

verkohlen
cheaten täuschen
flunkern lügen
weismachen betrügen
schwindeln
tricksen
rausreden heucheln erdichten
prahlen
leugnen beschönigen
verheimlichen mogeln veräppeln
vertuschen
schummeln

Mit dieser Definition ist auch die naive Ansicht vom Tisch, der Lügner sage die Unwahrheit. Wer kennt schon die Wahrheit!? Entscheidend ist, was der Lügner glaubt.

Varianten des Lügens ergeben sich vor allem hierdurch: Mit allem, was man behaupten kann, kann man auch lügen. Damit steht auch zur Debatte, was unter behaupten zu verstehen ist. Aber lügen scheint nicht bei allen gleich verstanden. Kinder sagen, man habe gelogen, wenn sich Behauptetes als falsch herausstellt, selbst bei Prognosen. Die naive Auffassung findet sich auch bei Erwachsenen und in der Öffentlichkeit. Wesentlich bleibt aber, dass Lügner nicht glauben, was sie sagen.

Ein weiterer Aspekt ist: Gelingt die Lüge? Da kommt das Gegenüber ins Spiel. Hat A also ein B belogen, wie wir im Fall der gelungenen Lüge sagen? Wenn B schon glaubt, dass x, werden wir kaum sagen, A habe ihn getäuscht. Das Gelingen der Täuschung setzt voraus, dass B vorher nicht geglaubt hat, dass x. Kluge Lügner sagen darum auch, was B gern hört oder gern hätte. (Bitte nicht als Ratschlag missverstehen!)

In der Sprachkritik geht es vor allem darum, Lügen zu erkennen. Das aber ist meist schwierig. Die Kenntnis der Arten mag dabei helfen.

Dazu ein paar Verdachtsfälle, die mit Lügen zu tun haben könnten:

- unklar reden
- unterstellen
- angeben (= zu viel sagen)
- ausweichen (= zu wenig sagen)
- dramatisieren und aufbauschen
- edle Lüge (weiße Lüge oder rettende Lüge)
- euphemistisch oder verhüllend reden
- lügen über Implikaturen: still Vorausgesetztes unterjubeln
- rätselhaft reden
- schwallen und spinnen
- verschweigen
- zweideutig reden

Ein Wort zum Lügen über Implikaturen. Wenn etwa eine Zeugin sagt, sie habe drei Männer beim Überfall gesehen, tatsächlich aber fünf gesehen hat, dann hat sie per Implikatur gelogen, weil nach den kommunikativen Maximen, wer sagt »drei«, eben auch sagt, dass es nicht mehr waren. Und wenn da auch noch ein paar Frauen dabei waren, hätte die Zeugin zumindest etwas Sagenswertes verschwiegen und damit wohl auch gelogen.

Kluge Menschen aus der Psychologie sagen, Kinder können bis zum vierten Lebensjahr noch nicht zwischen Realität und Fiktion unterscheiden. Na ja, wenn man es so formuliert. Übrigens können das Erwachsene oft genug auch nicht.

Vielleicht sollten wir uns da fragen, ob man wirklich von einer Lüge reden kann oder sollte. Es gibt nicht nur das Spiel mit der Lüge, sondern auch das Spiel mit dem Wort *Lüge*. Jemanden der Lüge zeihen ist ein harter Vorwurf und da bräuchte man schon harte Argumente.

Könnte man nicht auch im Lügenlernen einen moralischen Wert sehen? Nicht umsonst heißt es: Ein Lügner glaubt keinem. (Wenn es geht.)

Wissenswert auch, was Psychologinnen und Psychologen herausgefunden haben: Lügner blicken nach rechts. Also bitte, blicken Sie – wie ich – nach links.

Ein anderes und schlimmeres kommunikatives Phänomen ist Bullshit. Wer bestimmte Politiker etwa Trump der Lüge zeiht, der hat diese Art der Kommunikation nicht verstanden. Dem Bullshitter ist alles egal. Er will nur Proselyten machen. Er steht nicht grade für seine Behauptungen. Er kann heute dies und morgen das behaupten. Alles Wischiwaschi.

Lügen haben kurze Beine.
Lügner musst du an den Stümpfen fassen.
Bullshitter haben keine.
Da musst du passen.

Was ist *Kommunikation?*

Kommunikation ist alles – und alles ist Kommunikation. Das lehrte mich einst meine Paartherapeutin. Wie man Streite löst und vor allem über alles mit meiner Partnerin reden. Diesen Ratschlag habe ich aber nicht konsequent befolgt. Zu viele Probleme schienen doch zu heikel und für mancherlei hätte ich Wörter verwenden müssen, für die ich mich hätte schämen müssen. Aber das Heilmittel hat doch geholfen. Für mich wurde der Slogan lebensbestimmend. Ich widmete mich auch der Kommunikation von oben, untersuchte ihre Vielfalt und inneres Leben. Auch hier eben alles, wie die Therapeutin einst empfahl.

Das Wort *Kommunikation* wird in mancherlei Sinn verwendet. Es gibt ja bekanntlich kommunizierende Röhren oder Kommunikation unter und mit Maschinen. Und dann wird auch gern allgemeiner gesprochen von Kommunikation unter Lebewesen.

Menschliches Kommunizieren – um das es hier geht – ist Handeln. Es ist gemeinsames Handeln, soziales Handeln. Im engeren Sinn ist es intentionales Handeln, mit dem etwas zu verstehen gegeben wird. Oberstes Ziel jeder Kommunikation ist: verstanden werden.

In der Kommunikation werden Zeichen verwendet. In menschlicher Kommunikation sind dies meist sprachliche Zeichen, Zeichen besonderer Art. Menschliche Kommunikation ist Alltag und so menschlich, dass es leicht und problemlos zu gehen scheint. Nur manchmal werden uns Missverständnisse und Misserfolge bewusst. Kommunikative Handlungen sind wie alle Handlungen komplex. Damit sie gelingen, müssen bestimmte Bedingungen erfüllt sein. Die Handlungen selbst sind innerlich strukturiert durch die indem-Relation:

Man macht einen Vorwurf, indem man etwas behauptet, indem man einen Satz äußert. Man bittet indirekt, indem man eine Frage stellt, indem man einen Fragesatz äußert.

Könnten Sie etwas zur Seite rücken?

Es kommunizieren mindestens zwei: A handelt, spricht, B versteht (oder auch nicht). Es geht um Produktion und Rezeption. Sprecherrolle und

Hörerinnenrolle können wechseln: Wer rezipiert, wird auch produzieren. Hat es vielleicht schon getan. Auch in diesem Sinn ist jede Kommunikation gemeinsames Handeln, eben Interaktion.

Diese Art der Kommunikation hier bleibt dem Menschen vorbehalten: Der Mensch ist nicht einfach das sprechende Tier, wie es seit alters heißt. Er ist das kommunizierende Tier. Kommunikation ist Teil der Naturgeschichte des Menschen.

Die wesentlichen Komponenten der Kommunikation sind hier dargestellt

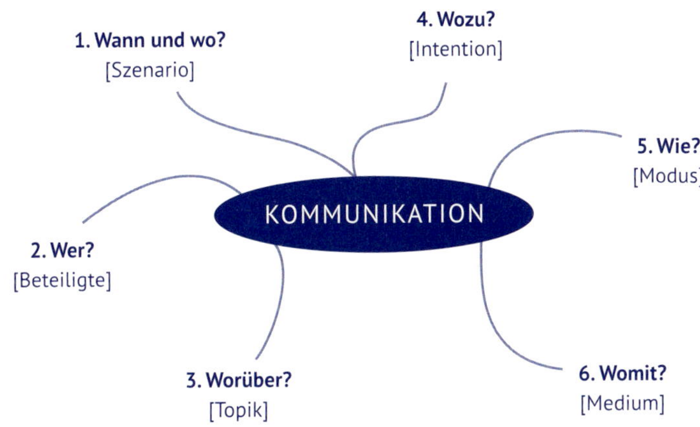

Dies sind zugleich Fragen, die wir stillschweigend als jeweils geklärt voraussetzen. Im Zweifelsfall können wir sie aber ausbuchstabieren und weiterfragen.

Diese Aufstellung können wir als großes Netz sehen mit den einzelnen Punkten als Knoten. Jeden Knoten können wir lupfen und ein weiteres Netz erkennen. Lupfen wir den letzten Knoten »Medium«, öffnet sich das Netz der sogenannten Kanäle. Zuerst grundlegend von Mund zu Ohr, oral → auditiv. Und vielleicht schon transkribiert, wissenschaftlich oder flott und locker wie die Untertitel im Fernsehen, wo dann mal *ein großer Kupp gelandet* wird oder Sebastian Einsteiger kreiert. Dann natürlich gestisch und mimisch, ein Netz für sich. Und auch dies wieder verbalisiert als »Teufel weg von mir!«.

Schließlich taktile Kommunikation nicht zu vergessen: Berühren, Betasten und deren Vermeidung. Und sogar der odorale Kanal: Kommunikation über Gerüche. Wie wir riechen, gerochen werden und gerochen werden wollen.

Wann wird kommuniziert?

- Welcher Zeitraum ist für die Kommunizierenden relevant?
- Was bedeutet das für sie?
- Wo wird kommuniziert?
- Wie weit konzipieren die Kommunizierenden den Raum?
- Wie sind sie räumlich angeordnet?
- In welchem Abstand befinden sie sich?
- Sind die Kommunizierenden kopräsent oder nicht?

Wie wird kommuniziert?

- Was ist verbal, was nonverbal?
- Direkt oder indirekt?
- In welcher Sprache: Muttersprache oder Fremdsprache?
- In welchem Stil?

Worüber wird gesprochen?

- Worum geht es?
- Wird das von beiden Kommunizierenden gleich gesehen?
- Gibt es übliche Abläufe?
- Was sagt man und was besser nicht? (Tabu)

Was ist das Ziel des Ganzen?

- Ist das Ziel klar oder vorgegeben?
- Wie entwickelt sich das Ziel?
- Welches Ziel ist den Kommunizierenden gemeinsam?
- Welche Ziele sind unterschiedlich?
- Akzeptieren die Kommunizierenden ihre wechselseitigen Ziele?

In welcher Beziehung sehen sich die Kommunizierenden?

- Symmetrisch?
- Asymmetrisch?
- Tun beide das Gleiche? Dürfen beide das Gleiche tun?
- Fühlen sich beide jeweils vom Gegenüber respektiert?
- Tritt ein Kommunizierender dominant auf oder wird sein Auftreten so empfunden?

Welches Medium findet Verwendung?

- Schrift (optisch)?
- Gesprochene Sprache (akustisch)?
- Körpersprache (gestisch, mimisch, taktil)?
- Telefon?
- Chat?

Mit der Folge, dass wir manche nicht mehr riechen können. Aber auch die Lebensweisheit, dass wir unsere Nase nicht in fremde Angelegenheiten stecken sollten.

Nun könnten Sie sich wundern, dass Sie all dies beherrschen – oder fast alles? Zwar nicht so, dass Sie alles explizieren könnten, aber Sie können es. Und vielleicht besser, wenn Sie vor der Komplexität nicht zurückschrecken? Aber derlei Motivation brauchen wir nicht. Wir sind fasziniert von der Vielfalt und Komplexität. Wir forschen immer weiter – und kommen zu keinem Ende. Eben, weil es kein Ende gibt.

Verstehen – Wie geht das?

In menschlicher Kommunikation ist Verstehen das A und O. Unter Verstehen wird Verschiedenes verstanden:

- einen Menschen verstehen, Verständnis für ihn und sein Handeln haben
- eine Sprache verstehen, sie können
- eine Äußerung verstehen, ihren Sinn erfassen

Grundlegend geht es um die letzte Verwendungsweise. Kommunikation wird oft eher metaphorisch gedacht und gefasst. Ein schlichtes Modell suggeriert, dass mit dem sprachlichen Ausdruck der Sinn von einem Kopf in den anderen transportiert wird, eine Art Übertragung eines Gedankens, einer Vorstellung, einer Botschaft.

Dieses Modell krankt vor allem an dreierlei:

- Sinn wird überhaupt nicht transportiert. A produziert nur Laute oder Schriftzeichen, die B aufnimmt. Wie käme so der Sinn von A zu B?
- Und wieso bliebe er doch bei A? Schickt A eine Kopie? Und wenn sie schlecht ist, gibt es Missverständnisse?
- Wie wäre festzustellen, was im Kopf von A ist oder war und was dann im Kopf von B ist? Und wie könnte man feststellen, dass beides (ungefähr) gleich ist?

Der Sinn einer Äußerung von A ist nicht irgendwie vorgegeben: Er entsteht im Kopf von B. Nach dem Prinzip der Autopoiese wird der Verstehende irgendwie den Sinn erzeugen und der Sprechende muss davon ausgehen, dass dem Verstehenden dies gelingt.

Verstehende deuten, erschließen den Sinn. Es ist eine Art stiller Automatismus – und das kann auch zum Problem werden, etwa bei der Fülle unbemerkter Missverständnisse.

Wie nun funktioniert diese Autopoiese des Sinns? Sie basiert und greift zu auf unser Wissen. Wesentlich sind Sprachwissen und Wissen über die Welt. Doch dieses Wissen ist nicht homogen. Verschiedene Menschen wissen Unterschiedliches und unterschiedlich viel. Auch das mag zu Missverständnissen führen.

Ein A antizipiert, was B wissen müsste, um ihn zu verstehen. Beim kommunikativ relevanten Wissen geht es um gemeinsames oder reziprokes Wissen. Zur kommunikativen Ausstattung des Menschen gehört, dass er sich in der Kommunikation stets in das Gegenüber versetzt. Auch Wissen, das wir direkt der Situation entnehmen, etwa für die Frage, wie jeweils *rechts* oder *links* zu verstehen wäre. Kinder brauchen im Spracherwerb eine Zeit, bis sie das beherrschen. Das reziproke Wissen ist die Basis menschlicher Sozialität und entscheidend für das Funktionieren der Kommunikation. Das mag auch mit den Spiegelneuronen zu tun haben, die als genetische Basis für empathische Reaktion gelten.

In normaler Kommunikation gehen wir meist vom angesetzten Common Ground (= was wir glauben, es sei gemeinsames Grundwissen) aus, in der Partnerschaft aber wissen wir auch mehr voneinander.

An dieser Falldarstellung sehen wir auch,

- dass reziprokes Wissen gestuft ist und gelungenes Verstehen voraussetzt, dass beide auf derselben Stufe sind,
- dass es nicht im naiven Sinn um Wissen geht, sondern darum, was die Beteiligten glauben und voneinander glauben.

Wenn B glaubt, A finde das schlecht, wird sie es als Tadel verstehen. Wenn B glaubt, A finde das gut, wird es ein Lob.

Wir antizipieren häufig, was zu erwarten wäre:

Sie sagen: Er war sehr sportlich, aber intelligent.

Ich sage: Sie war nicht uncool.

Sie hatten vielleicht erwartet, Sportliche seien nicht intelligent. Zumindest könnte es Ihr Gegenüber glauben – glauben Sie. Und ich möchte eigentlich sagen, dass sie ziemlich cool war.

Wenn es sich hier um eine Art objektives Wissen auf heutigem Stand handeln sollte, dann hätten sich die Menschen früher meist nicht verstanden. In der Kommunikation zählt nur das Wissen der Beteiligten. Sonst könnten sie sich nicht verstehen.

In diesem Zusammenhang noch ein paar einschlägige Ratschläge Berühmter.

Alternativen sehen

»Wie wäre es denn, wenn es anders wäre?«

(Ludwig Wittgenstein)

Die Perspektive wechseln

»Willst du die andern verstehn, blick in dein eigenes Herz.«

(Friedrich Schiller)

»Denk nicht, sondern schau!«

(Ludwig Wittgenstein)

Was wird *gesagt* und *was zeigt sich?*

»Sprich, dass ich dich sehe!« ist eine Weisheit der Antike. Wer spricht, zeigt sich. Wir zeigen nicht nur, wie wir sprechen, sondern zeigen auch, wer wir sind. Auch rezipierend sind wir mit im Spiel: Wir können es hinnehmen oder thematisieren und wir thematisieren es auch.

Sprachphilosophisch wird unterschieden zwischen dem, was gesagt wird und wie es gesagt wird. Das Wie hat vor allem mit der Haltung des sprechenden A zu tun. Weiter ist wichtig, was gesagt wird und was gezeigt wird oder sich zeigt. Und beim Gezeigten, ob A es bewusst zeigt – und damit irgendwie auch kommunizieren will – oder ob es unbewusst bleibt und nur wir es ausdeuten. So wird an unserer Stimme ungewollt deutlich, dass wir Frau oder Mann sind, aus welcher Gegend wir kommen. Das sind Phänomene, die nicht kommuniziert werden. Wir erschließen sie, wie wir aus Gestik und Mimik auf die Person schließen. Bei solch gewagten Schlüssen muss es nicht bleiben: Wir können verlässlich auf die Person schließen aus dem, was sie sagt, was sie damit offenbart.

Kommunizierende stellen sich immer auch selbst dar und sie offenbaren etwas von sich selbst.

So kann man verschiedene Stile kommunizierender Personen konzipieren: Welche Rolle will jemand in einer bestimmten Kommunikation spielen?

Der Psychologe Schulz von Thun hatte die Idee, man könne alles, was gesagt wird – er nennt es verkürzt die Nachricht – unter vier Aspekten betrachten. Selbst wenn der engere Bezug zum Sprachlichen hier unklar bleibt und die Rede vom Sachinhalt etwas unglücklich, bietet diese Betrachtungsweise gute Einblicke in Kommunikation.

Stilisierung muss nicht bewusst sein. Dennoch wird sie Teil der Person. Natürlich darf jede Person sich selbst stilisieren: Sei es als Held oder als Opfer oder ... So sehen wir, wer sie oder er ist. Mit der kommunikativen Auffassung der Stilisierung treten allerdings auch die Adressierten, Hörer und Leserinnen ins Spiel. Die Stilisierung gelingt nur und nur so weit, wie wir mitspielen. Stil wird mit dem Sinn gemeinsam von den Kommunikationsteilnehmern geschaffen und in jeder Phase up to date gehalten.

Schulz von Thun unterscheidet generell verschiedene Kommunikationsstile, die mit dem Modell ausbuchstabiert werden. Welcher Stil jeweils zum Tragen kommt, ist abhängig von der Person, von der jeweiligen Situation, von der Vorgeschichte der Beziehung und natürlich vom kommunikativen Ziel.

Als Beispiel hier der bestimmend-kontrollierende Stil. Es sage jemand – sozusagen auf der sachlichen Ebene – in einem eher neutralen Aussagesatz:

Du stehst mir hier oft im Weg.

Auf den drei anderen Facetten des Modells kann man dabei Folgendes mithören.

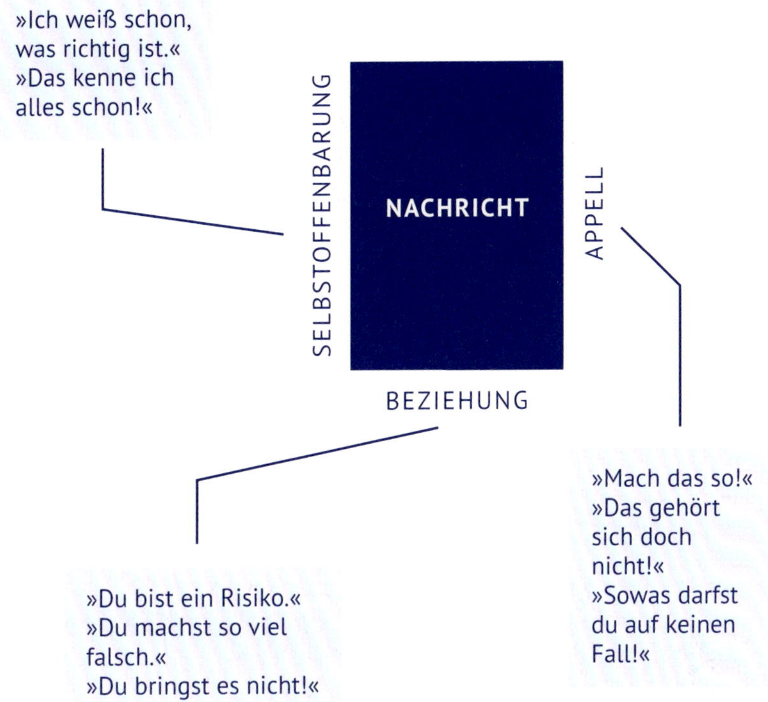

Unter dem Einfluss dieses Stils trachten wir danach, Dinge – und ebenso die Mitmenschen! – so zu lenken und zu korrigieren, dass sie unter unserer Kontrolle bleiben. Die Überzeugung, besser als andere zu wissen, was richtig ist, kann sich von alltäglichen Verrichtungen bis zu grundlegenden Fragen der Lebensmoral erstrecken. Typisch für den bestimmend-kontrollierenden Stil sind etwa Sätze wie »Beim Essen wird nicht geraucht!«, hinter denen oft ein normativ zur Regel erklärter persönlicher Wunsch steht (»Es stört mich, wenn du jetzt rauchst.«). Der Sachinhalt bleibt hier ausgespart – schockierend für manche.

Die Rolle dessen, der mehr weiß, fällt uns allen leicht. Das hat kommunikativ strukturelle Gründe: Immer und überall davon auszugehen, dass unser Gegenüber mehr weiß, wäre unerträglich. Wenn wir nach äußeren Kriterien und streng logisch vorgehen, erkennen wir, warum ich immer mehr weiß als du. Denn wenn ich sage: Du weißt x, dann sage ich ja immer auch: Ich weiß x. So kommst du nie über mich hinaus.

Im Übrigen, Stile kann man inflationär erfinden. Versuchen Sie sich mal mit dem Weichei-Stil.

Was *leitet* unsere Kommunikation?

Wenn ich sage »Wir haben drei Kinder«, dann sage ich auch, dass wir nicht vier oder mehr haben.

Wenn Sie sagen »Die meisten sind früh nach Hause gegangen«, dann haben Sie auch gesagt, dass nicht alle gegangen sind.

Wenn sie sagt »Als ich nach Hause kam, lag ein Mann in meinem Bett«, dann hat sie auch gesagt, dass es nicht der ihre war.

Wenn ein Mensch sagt »Es erschienen drei Menschen«, dann sagt er, dass keine Götter darunter waren, und er sagt nicht, dass keine Frauen dabei waren.

Wenn Sie sagen »Wir haben lange in Rom gelebt«, dann sagen Sie, dass Sie zurzeit nicht in Rom leben.

In der Regel kann ich mich darauf verlassen, dass was ich sage, entsprechend verstanden wird, und ich tue es auch. Das heißt nicht, dass wir damit besondere Anstrengungen machen, damit besondere Mühe hätten. All das ist zur Routine geworden.

Wir lassen uns leiten von den Grundprinzipien der Kommunikation. Diesen Prinzipien folgen wir so selbstverständlich, dass sie erst im letzten Jahrhundert der englische Philosoph H. P. Grice formuliert hat. Das Selbstverständliche liegt zu offen vor Augen. Seitdem wurden die Prinzipien in Philosophie und Linguistik immer neu formuliert und zu einer Art kommunikativen Moral ausgebaut, weil die Nichtbeachtung der Prinzipien zur Auflösung der Kommunikation führt. Am deutlichsten ist uns das schon lange bei der Lüge.

Menschliche Kommunikation ist geprägt durch ein Minimaxprinzip: möglichst großer Effekt mit möglichst geringen Mitteln. Machen wir mehr Worte, als zu erwarten, oder drücken wir uns komplizierter aus, wird unsere Äußerung anders gedeutet.

Wenn man mehr sagt, als man weiß, könnte es vielleicht unbemerkt bleiben. Aber man bewegt sich am Rande der Täuschung, gerät in Konflikt mit der Lügenmaxime. Desgleichen: Wenn man weniger sagt, als zu sagen ist, verschweigt man etwas Relevantes.

Im Übrigen steckt im »Sag, was du weißt!« auch die Forderung nach Wahrhaftigkeit. Denn alles, was ich weiß, ist wahr für mich. Unwahres kann ich nicht wissen.

Wenn jemand mehr zu sagen scheint, als er muss, dann fangen wir an, zusätzliche Annahmen zu machen. Wir denken dann, er wolle höflich sein, sie gehe davon aus, sie müsse es mir genauer erklären, er übertreibe mit *alle* oder *immer*, sei ein Schwätzer und so weiter.

Ganz ähnlich, wenn wir uns offen zu widersprechen scheinen. Da greift wieder das Prinzip, nach dem man sagt, was man weiß. Aber Widersprüchliches kann man nicht wissen. Also ...

Ähnlich, wenn man eine offene Trivialität kundtut. Das widerspräche einem Prinzip, dass man nur Sagenswertes sagt.

- Wenn Sie sagen »Ja und nein«, dann wird das nicht als paradox und widersprüchlich verstanden. Wir suchen nach einer differenzierenden Deutung: Es gibt zwei Aspekte, zwei Betrachtungsweisen.
- Wenn Sie sagen »Mann ist Mann«, dann wird das nicht als nicht sagenswerte Trivialität verstanden. Wir verstehen auf Basis eines Stereotyps: Die sind doch alle so oder ähnlich.
- Wenn der Polizist sagt »Gesetz ist Gesetz«, dann sollten Sie das nicht als trivial verstehen. Sie sollten wissen: Er wird kein Auge zudrücken.

- Ja, und wer sagt »Besser ist besser«, der dürfte seiner Vorsicht Ausdruck verleihen.

Im Sinne einer kommunikativen Hygiene oder auch zum besseren Verständnis sollten wir uns deshalb schon mal fragen:

- Warum sagst du das?
- Warum sagst du das so?

Und zum Schluss noch Kurzversionen, in denen allerdings so viel steckt, dass man sie vielleicht wieder explizieren müsste. Trotzdem ganz knackig:

- Sag, was zu sagen ist.
- Sag, so viel du kannst.
- Sag nur, so viel du musst.

Bibliografische Information der Deutschen Nationalbibliothek
Die Deutsche Nationalbibliothek verzeichnet diese Publikation in der Deutschen Nationalbibliografie; detaillierte bibliografische Daten sind im Internet über http://dnb.dnb.de abrufbar.

D C B A
Bibliographisches Institut GmbH, Mecklenburgische Straße 53, 14197 Berlin

Redaktion Dr. Laura Neuhaus
Herstellung Alfred Trinnes
Bildbearbeitung, Layout, Grafiken und Satz Dirk Brauns, Berlin
Umschlaggestaltung 2issue, München
Umschlagabbildung magic_creator/Shutterstock.com
Bildnachweis S. 21 o.: Zoart Studio/Shutterstock.com;
S. 21 m.: Aygun Ali/Shutterstock.com; S. 22 u.: davorana/Shutterstock.com
Druck und Bindung AZ Druck und Datentechnik GmbH,
Heisinger Straße 16, 87437 Kempten
Printed in Germany

ISBN 978-3-411-05987-4
www.duden.de

PEFC zertifiziert
Dieses Produkt stammt aus nachhaltig bewirtschafteten Wäldern und kontrollierten Quellen.
www.pefc.de